CONSIDÉRATIONS

HISTORIQUES ET POLITIQUES

SUR

LA RUSSIE, L'AUTRICHE

ET LA PRUSSE,

Et sur les Rapports de ces trois Puissances

AVEC

LA FRANCE

ET LES AUTRES ÉTATS DE L'EUROPE.

PARIS,

PONTHIEU et Cie, LIBRAIRES, PALAIS-ROYAL,

GALERIE DE BOIS, N° 252.

Janvier 1827.

CONSIDERATIONS

SUR

LA RUSSIE, L'AUTRICHE

ET LA PRUSSE.

1935

SOUS PRESSE

pour paraître à la fin de janvier.

DE L'ÉTAT ACTUEL DE LA NAVIGATION ET DU COMMERCE DE L'ANGLETERRE ; discours de M. Huskisson, président du bureau de commerce, prononcé dans la chambre des communes, le 12 mai 1826. Traduit par M. Pichon, conseiller d'état ; accompagné de diverses pièces justificatives, et suivi du discours de M. Huskisson, sur le commerce des colonies, prononcé dans la séance du 22 mars 1825. 1 vol. in-8. 3 fr. 50 c.

Ces discours renferment un exposé complet de la politique commerciale de l'Angleterre.

PARIS. — IMPRIMERIE DE COSSON,
RUE SAINT-GERMAIN-DES-PRÉS, N° 9.

CONSIDÉRATIONS

HISTORIQUES ET POLITIQUES

SUR

LA RUSSIE, L'AUTRICHE ET LA PRUSSE,

Et sur les Rapports de ces trois Puissances

AVEC

LA FRANCE

ET LES AUTRES ÉTATS DE L'EUROPE.

They have made their might their right.

PARIS,

PONTHIEU ET Cie, LIBRAIRES,

PALAIS-ROYAL, GALERIE DE BOIS, N° 252.

Janvier 1827.

TABLE

DES CHAPITRES.

FIN DE LA TABLE.

AVERTISSEMENT.

———

La France est soumise, depuis plus de dix ans, à l'influence des puissances étrangères et des factions contre-révolutionnaires. La Russie, l'Autriche et la Prusse, sous le nom de Sainte-Alliance, sollicitées par ces factions ou guidées par leur ambition personnelle, lui ont imposé les décisions des congrès, en la menaçant de leurs armes; l'Angleterre voudrait, quoique d'une manière moins directe, la diriger à son tour, selon ses intérêts et ses vues, par la menace des révolutions populaires. Les considérations suivantes peuvent servir à éclairer les Français de tous les partis, sur le danger commun de cette position subordonnée, et faire sentir au gouvernement la nécessité de prendre une résolution décisive, et de préparer des moyens sûrs pour effectuer, au dedans comme au dehors, son émancipation politique : il y va du salut de la nation et de l'État.

CONSIDÉRATIONS

HISTORIQUES ET POLITIQUES

SUR

LA RUSSIE, L'AUTRICHE

ET LA PRUSSE,

ET SUR

LES RAPPORTS DE CES TROIS PUISSANCES AVEC LA FRANCE ET LES AUTRES ÉTATS DE L'EUROPE.

CHAPITRE PREMIER.

De la politique de convenance, et du droit de garantie et d'intervention armée, que la Russie, la Prusse et l'Autriche, ont introduits, et exercent sur la France et sur le continent.

De tous les temps on a vu les états puissans, se servir de leur force et de leur prépondérance, pour s'accroître aux dépens de leurs voisins; mais de grandes révolutions, de longues guerres, les alliances des familles régnantes, les penchans naturels des peuples, amenaient accidentellement ces sortes de conquêtes; on

1

continuait à rendre hommage aux droits des souverains et à l'indépendance des peuples, et à respecter les règles de justice et d'équité qui doivent toujours régir les rapports des nations.

Vers le milieu du dix-huitième siècle, lorsque la Russie fut parvenue à faire sentir sa domination en se mêlant des affaires de Suède, de Pologne, de Turquie et d'Allemagne; la Prusse à s'élever au premier rang des puissances, par le génie de Frédéric II; l'Autriche à se subordonner la France par l'alliance de 1756; on vit des empiétemens, qui jusqu'alors avaient fait exception au droit des gens, devenir plus fréquens et se transformer en une sorte de droit; une association positive et permanente se former entre les trois monarchies militaires, pour agir selon ce prétendu droit, et s'agrandir d'un commun accord; et, au moyen de cette association, une politique toute nouvelle s'introduire en Europe. On la nomma *politique de convenance*, parce qu'elle eut pour but de démembrer et de détruire les états faibles, selon les simples convenances géographiques et politiques des états forts.

Catherine, Frédéric, Joseph et Marie-Thérèse en donnèrent le premier exemple par le partage de la Pologne de 1772; les diverses puissances dominantes en ont fait depuis, à leur imitation, un fatal usage. Le Hanovre, la Hollande, l'Italie, l'Allemagne, la France, Venise, Gênes, l'Espagne et le Portugal en ont été tour à tour plus ou moins les victimes. La politique de convenance a renversé l'équilibre protecteur des faibles, établi la force à la place du droit, bouleversé les trônes et les empires, asservi l'Europe aux puissances militaires, et fait reconnaître en principe, sur les débris du code du droit des gens, le droit de surveillance, de garantie et d'intervention armée de la Russie, de la Prusse et de l'Autriche.

La France républicaine a déjoué pendant quelque temps cette politique, en renversant les coalitions qu'elle avait formées contre elle; la France impériale en a malheureusement pour elle adopté et pratiqué les maximes; la France constitutionnelle a été forcée, par une double invasion, d'en subir l'ascendant funeste.

Gouvernement et peuple, hommes de tous les temps et de tous les partis, il a fallu tous nous résigner aux dures lois de la nécessité. Nous étions vaincus; les souverains de l'Europe victorieuse, sous le prétexte d'abattre le grand capitaine dont ils avaient pendant quinze ans reconnu le pouvoir, et tout en affectant de respecter notre indépendance et de vouloir replacer la France sous une autorité légitime, ne nous ont pas moins fait sentir qu'ils étaient les maîtres de notre territoire. La déclaration de l'empereur de Russie du 31 mars 1814 ne fut un acte généreux qu'en apparence : elle proclama un principe plus dangereux que la guerre même, la reconnaissance et *la garantie* de nos constitutions et de nos lois de la part d'un prince étranger ; c'était une condition forcée de notre situation; nous dépendions de la volonté des vainqueurs. On a pu voir depuis que, sous les dehors de la clémence et de la magnanimité, ils ont habilement constaté leur droit de conquête, et que, par ce commencement de *garantie*, ils se sont ménagé un titre formel contre notre indépendance et contre la liberté de notre gouvernement.

Une garantie consignée dans une simple déclaration aurait pu cependant être éludée, et rester sans conséquence; mais elle a été depuis stipulée dans les traités. Après les funestes *cent jours*, la France a signé avec l'Autriche, l'Angleterre, la Prusse et la Russie, des traités séparés, par lesquels elle a permis à chacune de ces puissances « de consolider l'ordre établi dans le » royaume par le maintien inviolable de l'auto- » rité royale et la remise en vigueur de la

» Charte constitutionnelle; » et elle a consenti, comme premier exemple de l'exécution de la garantie, qu'une armée mixte de cent cinquante mille étrangers occupât le royaume pendant cinq années. Ainsi nul doute, depuis ces traités, sur l'obligation où nous sommes de souffrir que les puissances étrangères examinent, dans le sein même de notre pays, si la nation est bien exactement soumise à l'autorité royale, et si l'autorité royale exécute avec scrupule la Charte constitutionnelle.

Les quatre grandes puissances ont signé à ce sujet, à la même époque, un traité spécial et une quadruple alliance, où elles s'engagent de nouveau, toujours sous la même formule, « de » défendre l'ordre des choses fondé en France sur » le maintien de l'autorité royale et de la Charte » constitutionnelle, et d'employer tous leurs » moyens pour conserver la tranquillité générale, » et garantir l'Europe de nouveaux dangers. » Comme les principes révolutionnaires, est-il » dit à l'article 2, qui ont soutenu la dernière » usurpation criminelle (le retour de l'île d'El- » be), pourraient encore, *sous d'autres formes*, » déchirer la France et menacer le repos des » autres états, les hautes parties contractantes re- » connaissent solennellement le devoir de re-

» doubler de soins pour veiller, dans de pareilles
» circonstances, à la tranquillité et aux intérêts
» de leurs peuples, et elles s'engagent, dans le
» cas où un si malheureux événement vînt à
» éclater de nouveau, à concerter, entre elles et
» sa majesté très-chrétienne, les mesures qu'elles
» jugeront nécessaires pour la sûreté de leurs
» états respectifs et pour la tranquillité géné-
» rale de l'Europe; ces engagemens doivent
» subsister dans toute leur vigueur, même après
» l'évacuation du territoire français. » C'est-à-
dire que dans le moment actuel encore, quand
même le gouvernement voudrait s'y-opposer,
toutes les forces des quatre monarchies victorieuses pourraient marcher contre la France si
la Russie, la Prusse, l'Angleterre et l'Autriche
jugeaient que nous ne respectons pas suffisamment l'autorité royale, ou que notre gouvernement s'écarte de la ligne tracée par la Charte
constitutionnelle; que de *certains principes révolutionnaires* reparaissent chez nous *sous d'autres
formes*, troublent la tranquillité de l'Europe, et
menacent la sûreté de leurs états.

Les quatre puissances manifestèrent du reste
en même temps l'espoir de ne jamais voir se
réaliser les chances funestes prévues par leur alliance, et, dans une note adressée par leurs mi-

nistres à M. le duc de Richelieu, elles expri-
mèrent, sur le ton d'une instruction plus que
d'une communication diplomatique, « qu'elles
» étaient sûres que le roi de France opposerait à
» *tous* les ennemis du bien public et de la tran-
» quillité du royaume, *sous quelque forme qu'ils*
» *pussent se présenter*, son attachement aux lois
» constitutionnelles promulguées sous ses auspi-
» ces ; sa volonté bien prononcée d'être le père
» de tous ses sujets sans distinction de classe ni
» de religion ; son désir de voir s'effacer jus-
» qu'aux souvenirs des maux qu'ils ont soufferts,
» et de ne conserver, des temps passés, que le
» bien que la providence a fait sortir du sein
» même des calamités publiques. »

Telles sont les stipulations qui constituent,
d'une manière bien claire et bien précise, la
nature et l'étendue du droit de garantie que
les étrangers exercent sur la France ; c'est-
à-dire, de la faculté qu'ils ont conservée, depuis la double invasion, de se mêler de nos
affaires intérieures, de pénétrer dans nos rapports les plus intimes, d'approuver ou de blâ-
mer, selon leur intérêt, la conduite du gouvernement ou l'esprit de la nation, d'intervenir enfin
dans la direction de notre politique intérieure
et extérieure.

Mais ce n'est pas tout encore ; ces droits de surveillance, de garantie et d'intervention ; ces premiers empiétemens habituels de la politique de convenance, avaient été consacrés d'une manière bien plus générale dans le traité le plus extraordinaire que la diplomatie ait jamais rédigé; nous voulons parler de la sainte alliance, signée à Paris le 26 septembre 1815, entre la Russie, la Prusse et l'Autriche.

Il s'était passé, depuis deux ans, les événemens les plus capables d'ébranler et d'exalter l'imagination des hommes. Ainsi que la France avait précédemment vaincu les coalitions injustement formées contre son indépendance, toutes les populations de l'Europe, excitées par l'amour de la liberté, venaient à leur tour de vaincre le puissant Napoléon. Jamais des catastrophes plus grandes et plus dramatiques n'avaient frappé les esprits. Les Français étaient allés à Moscou, et les Russes étaient venus à Paris, en moins de dix-huit mois. Le renversement d'un grand despotisme militaire disposait les peuples, tour à tour vainqueurs et vaincus, à croire au triomphe de la liberté, au règne de la justice et du droit, à l'ascendant suprême d'une providence divine. Les proclamations des souverains avaient été remplies de ces hautes et bienveillantes pensées;

elles avaient désarmé nos courages et doublé celui des peuples alliés. Les souverains eux-mêmes
partageaient sincèrement comme hommes les
émotions que les événemens avaient fait naître.
L'empereur Alexandre surtout, échappé à tant
de dangers , entouré de triomphes , enclin
par sa nature au mysticisme , se laissa pénétrer
d'une sorte d'exaltation religieuse; ce fut lui
qui dans un mouvement d'enthousiasme, con-
çut la première idée de l'alliance. Mais indépen-
damment de la disposition des peuples et du
caractère personnel de cet empereur, une troisième cause toute politique vint contribuer à
la former ; la Russie, la Prusse et l'Autriche
avaient dû leurs longs revers à leur désunion ;
elles se voyaient redevables de leurs succès à leur
bonne harmonie ; les trois souverains furent
donc naturellement amenés , par leur plus puissant intérêt , à placer leur union politique sous
la sauvegarde de cette espèce de consécration
morale et religieuse.

Jamais la politique n'emprunta des formes plus
douces , plus humaines et plus saintes. « Nous
» voulons, dirent les trois monarques, avec une
» onction tout-à-fait évangélique , nous voulons
» baser les rapports des puissances entre elles sur
» les vérités sublimes de la religion du Dieu

» sauveur..... Nous n'avons d'autre but que de
» prendre pour règle de conduite, soit dans l'ad-
» ministration intérieure, soit dans les relations
» politiques, des préceptes de religion, de jus-
» tice, de charité et de paix..... Nous nous re-
» gardons comme frères, comme compatriotes,
» et nous promettons en toute occasion, en tout
» lieu, assistance, aide et secours.... Nous nous
» engageons à diriger nos sujets dans le même
» esprit de fraternité.... Le seul principe en vi-
» gueur entre les gouvernemens comme entre les
» sujets sera de se rendre mutuellement service,
» et de se considérer comme membres d'une
» même nation chrétienne..... Le bienfait de
» l'association est du reste offert à toutes les puis-
» sances qui voudront solennellement avouer les
.» principes de la sainte alliance. » Et toutes,
excepté l'Angleterre, y ont donné leur adhésion; toutes, y compris la France, ont reconnu
cette grande charte de la politique de convenance.

En effet, une fois ce premier moment d'enthousiasme passé, les élémens que le péril avait
rassemblés se séparèrent. Les gouvernemens
rentrèrent dans leurs vieilles maximes; et, après
s'être servis de l'effervescence des peuples pour
abattre Napoléon, ils commencèrent subitement
à redouter de voir se tourner contre eux-mêmes

cet amour de la liberté et de l'indépendance. Toutes les aristocraties se liguèrent contre le mouvement des peuples vers la liberté. La cour de Vienne donna la première ce signal d'alarme; elle entraîna la Prusse dans la même crainte, et parvint à effrayer l'empereur Alexandre de révolutions prêtes à troubler, dans tous les états de l'Europe, la paix et la tranquillité que cet empereur tenait à gloire de maintenir. Elle montra partout les peuples agités par des désirs de liberté, qu'elle fit considérer comme dangereux pour la sûreté des trônes; elle fit sentir aux souverains la nécessité de s'entendre pour surveiller et réprimer ces mouvemens. On trouva alors dans la sainte alliance les principes nécessaires pour servir de base à la direction nouvelle; et cet acte, qui s'était présenté d'abord sous un point de vue purement moral et religieux, devint tout à coup le pacte fondamental qui allait régir l'Europe.

On en vit bientôt la première application au congrès d'Aix-la-Chapelle (1818). Les souverains d'Autriche, de Prusse et de Russie s'y rendirent avec leurs ministres; lord Castelreagh et le duc de Wellington y représentèrent l'Angleterre; le duc de Richelieu y parut pour la France, comme *partie passive;* car le sujet de la délibération était

de savoir, conformément à l'art. 5 de la quadruple alliance du 28 novembre 1815, et de concert avec le roi de France, si l'état intérieur de la
France pouvait permettre de retirer les troupes
d'occupation de suite, ou s'il fallait attendre la
cinquième année. Les souverains, d'après les avis
de leurs ministres, reconnurent dans leur sagesse et à leur satisfaction « que l'ordre des choses
» heureusement établi en France par la res-
» tauration de la monarchie légitime et cons-
» titutionnelle, et le succès qui avait jusqu'alors
» couronné les soins paternels de Sa Majesté
» Très-Chrétienne, justifiaient pleinement l'es-
» poir d'un affermissement progressif de cet or-
» dre des choses, si essentiel au repos et à la
» prospérité de la France et si étroitement lié à
» tous les grands intérêts de l'Europe. » En conséquence l'évacuation de notre territoire fut ré-
solue et arrêtée, moyennant divers arrangemens de finances nécessaires à l'acquittement de
nos contributions de guerre. On délibéra ensuite, et M. le duc de Richelieu fut alors appelé
comme *partie active*, « sur les rapports qui, dans
» l'état des choses, devaient s'établir entre la
» France et les puissances co-signataires du
» traité de paix et de la quadruple alliance du
» 20 novembre 1815, rapports qui, en assurant

» à la France la place qui lui appartient dans le sys-
» tème de l'Europe, devaient l'allier intimement
» aux vues pacifiques et bienveillantes que parta-
» gent tout les souverains. » On arrêta, dans un
protocole et dans une déclaration du 15 novembre 1818, les principes d'une quintuple alliance. Les cinq cours se promirent « 1° de ne ja-
» mais s'écarter, ni dans leurs relations intimes,
» ni dans celles qui les lient avec les autres état,
» du principe d'union qui avait présidé jusqu'alors
» à leurs rapports et intérêts communs; 2° de n'a-
» voir d'autre but, dans cette union, que le main-
» tien de la paix générale fondé sur l'exécution
» religieuse des traités (du 30 mai 1814, du
» recès du congrès de Vienne 1814 et des traités
» du 20 novembre 1815); 3° d'admettre la
» France, comme associée aux autres puissances
» par la restauration du pouvoir monarchique lé-
» gitime et constitutionnel, à concourir à l'af-
» fermissement du système ; 4° d'établir des
» réunions particulières de souverains ou de
» ministres, toutes les fois qu'il serait jugé né-
» cessaire pour atteindre le but proposé. » Les
souverains promirent en outre, par leur déclaration publique, de ne point s'écarter de l'observation la plus stricte du droit des gens, entre
eux et dans leurs relations avec les autres états;

et de respecter ces principes dans toutes les questions même ou d'autres gouvernemens auraient formellement réclamé leur intervention.

Voici comment la quintuple alliance tint ses promesses. A la suite du congrès d'Aix-la-Chapelle, la France fut obligée de faire à ses puissans alliés le sacrifice de la loi d'élection ; de modifier dans ses principes fondamentaux cette Charte constitutionnelle, si bien garantie par les traités et les protocoles, et de se soumettre au régime des lois d'exception. Les congrès de Carlsbad et de Vienne (août et novembre 1819) statuèrent sur les affaires intérieures des états d'Allemagne ; révoquèrent les promesses que plusieurs souverains avaient faites à leurs peuples, au sujet des constitutions politiques ; obligèrent les états tels que le Wurtemberg, Bade et la Bavière, qui avaient déjà accordé des constitutions libérales, à les modifier et à les restreindre ; prirent contre la liberté de la presse, et l'enseignement des universités, les mesures les plus rigoureuses ; provoquèrent l'érection à Mayence d'une commission de police et de justice pour rechercher et juger tous ceux qui se rendraient coupables de prétendues menées révolutionnaires, à quelque pays qu'ils appartinssent. Ces résolutions furent arrêtées entre la Prusse et l'Autriche

avant d'être présentées aux ministres des autres
états et aux délibérations de la diète germanique ;
et M. de Metternich traça par une circulaire confidentielle (1), à tous les princes allemands, la conduite qu'ils devaient tenir dans le gouvernement
intérieur de leurs états, et déclara que toutes
les forces de l'Autriche étaient prêtes à agir pour
ses confédérés dès que le devoir et la sagesse l'exi-
geraient. Puis vinrent les congrès de Troppau
et de Laybach (1821), où les affaires intérieures
de l'Italie et les constitutions que s'étaient
données Naples et le Piémont furent examinées,
jugées et condamnées à passer par les armes de
l'Autriche ; puis enfin s'ouvrit le congrès de Vérone (1823), qui prononça la sentence de mort
de la constitution des Cortès, et qui força la France
à faire marcher ses armées en Espagne, et à dé-
penser 400 millions, sans lui permettre seulement de rétablir le bon ordre dans ce royaume.

C'est ainsi que, par une suite parfaitement
liée de congrès et d'actes diplomatiques, la Russie, la Prusse et l'Autriche ont formé une légis-

---

(1) Lettre confidentielle de M. de Metternich à M. de
Berstett, 1820 (*Annuaire de Lesur*, p. 600) ; Circulaire
du cabinet de Berlin, octobre 1819. (*Annuaire de Lesur*,
p. 559.)

lation politique à leur convenance pour gouverner tous les états du continent, sans respect pour l'indépendance des peuples et des couronnes. L'Angleterre, fourvoyée d'abord dans ce système, par les fausses idées de lord Castelreagh et par les passions de sa propre aristocratie, n'avait pu long-temps se diriger d'après des principes si contraires à sa constitution parlementaire. Elle s'était retirée de cette suprématie politique au congrès de Vérone pour rentrer dans sa politique naturelle ; et la mort subite et volontaire de son ministre était venue s'offrir comme une expiation de ses erreurs. Quant à la France, tous les faits ont prouvé qu'elle n'exerçait dans les congrès qu'une volonté subordonnée. On se souvient que, d'après l'aveu d'un de ses ministres, ce n'est que pour n'être pas forcée de soutenir la guerre sur le Rhin qu'elle a franchi les Pyrénées ; et tout le monde sait que, lorsqu'après les succès de la campagne, le prince généralissime a voulu à Andujar poser les premières bases de l'ordre et de la paix dans ce pays, l'influence de la diplomatie russe est venue troubler les plus sages combinaisons, et a forcé le prince d'abandonner ce malheureux royaume à une anarchie qui dure encore : c'est donc exclusivement la Russie, l'Autriche et la Prusse qui ont dirigé les vues politiques des congrès, et qui exercent sur les autres états le droit de surveillance, de garantie et d'intervention armée. La chose se conçoit quand on se rappelle que, pour faire approuver leurs décisions, ces trois puissances entretiennent douze à quinze cent mille hommes sous les armes.

Ce système domine donc tout le continent; ce n'est ni par le respect des droits réciproques, ni par une certaine balance de forces et des intérêts, que l'ordre et la paix y sont maintenus, mais par la suprématie des trois monarchies militaires et par la sujétion de toutes les autres; la paix enfin n'est pas autre chose que l'asservissement : le despotisme de Napoléon a été remplacé par le despotisme de la triple alliance de la Russie, de la Prusse et de l'Autriche.

Nous en appellerons ici à tous les Français, de quelque classe, religion, opinion qu'ils soient, pourvu qu'ils aient dans le cœur un peu d'instinct patriotique; n'est-il pas évident, qu'à l'aide du droit d'intervention et des traités particuliers que nous venons de rappeler, les trois puissances continentales , ou l'Angleterre , peuvent, selon leurs vues et leurs intérêts, accuser

2

tantôt la couronne, tantôt la nation de transgresser les termes de la garantie, entretenir chez nous la désunion et la faiblesse, et profiter insensiblement de l'état de malaise qu'elles auront produit pour nous maîtriser et nous diriger selon leurs vues? N'est-il pas à redouter que les mesures les plus conformes à la dignité de la couronne et à la prospérité du pays ne soient taxées de *violation de la Charte garantie,* ou de *principes révolutionnaires reparaissant sous une forme nouvelle?* N'est-il pas à présumer que l'état des choses et des esprits, le peu de sécurité et d'union qui règnent encore en France, ne soient les fruits de cette funeste influence étrangère qui nous pénètre, nous trouble et nous égare de mille manières inaperçues?

Supposons, ce qui n'est pas improbable, que les affaires de Turquie ou d'Espagne brouillent Londres avec Pétersbourg, et que, dans cette querelle, notre gouvernement juge plus avantageux d'embrasser l'alliance de l'Angleterre : ne dépendrait-il pas alors de la Russie et de ses alliés d'interpréter la garantie dans le sens de leur politique, de désavouer leurs instigations passées et de dire aux ministres qui nous gouvernent : « Nous » avons garanti chez vous le maintien de l'autorité

» royale et de la Charte : depuis six ans vous ne
» faites que violer cette Charte ouvertement;
» vous avez attenté à toutes les libertés qui vous
» étaient nécessaires pour vivre en repos ; à la
» liberté des cultes par la loi du sacrilége ; à
» l'égalité politique , par la loi d'élection et l'in-
» troduction du privilége du double vote ; à l'éga-
» lité civile par le rétablissement des substitu-
» tions ; à la sûreté des propriétés , par la loi de
» l'indemnité ; aux lois anciennes et nouvelles
» et à l'indépendance de la justice, en favorisant
» l'introduction de congrégations illicites et du
» *carbonarisme* des jésuites : vous êtes enfin de-
» puis six ans les jouets de nouveaux *principes*
» *révolutionnaires* dangereux pour la tranquillité
» de l'Europe , et vous vous laissez entraîner
» dans des alliances funestes pour la France et
» pour son roi. Nous venons, en vertu des trai-
» tés, sauver le roi et les Français de votre per-
» fide ascendant. » Que, pour soutenir ce langage , les armées russes et prussiennes se mettent
en marche et menacent notre capitale , où sont
les forces , les remparts, l'union publique que
nos ministres, ou plutôt nos congrégations, tiennent prêts pour défendre leur système d'une vi-
goureuse attaque , et pour mettre le roi à même
de faire respecter l'indépendance de la couronne

et du pays? Quels efforts pourrait faire une nation qui n'aurait à choisir, qu'entre des jésuites et des étrangers?

Mais admettons une autre chance; supposons que le roi, éclairé par les vœux de la nation et par le sentiment de la sûreté de l'état, arrête dans sa pensée de profiter des premières querelles qui agiteront les autres puissances, pour dégager la France des garanties et des interventions étrangères que les circonstances ont fait peser sur elle, et pour lui faire reprendre la place prépondérante qui lui appartient en Europe : une des premières conditions de l'exécution de cette glorieuse entreprise serait nécessairement de renvoyer les ministres actuels, de renouveler la Chambre des députés, et d'appeler au ministère des hommes d'état prévoyans, habiles, soumis aux lois, portés par l'opinion, capables de rattacher à l'état, par des sentimens patriotiques et de sages mesures, les citoyens utiles de tous les partis et de toutes les classes. On verrait ensuite progressivement se fonder chez nous une monarchie inébranlable sur la base de la Charte et des intérêts nationaux; les électeurs affranchis du privilége du double vote, la liberté de la presse maintenue, la liberté des cultes observée, les congrégations et les jésuites expulsés, toutes les lois contraires à la Charte abrogées, toutes

les lois nécessaires à la Charte accordées de
bonne foi. Mais quels moyens ne pourrait pas
employer alors la triple alliance ou même l'Angleterre, pour nous arrêter dans notre régénération? Quelle défiance ces puissances ne cher-
cheront-elles pas à inspirer au monarque contre
le peuple?. «Méfiez-vous, pourront-elles dire, de
» ces conseils perfides qui, au lieu de consolider
» votre autorité, ne tendent qu'à réveiller dans
» la nation une énergie dangereuse ; nous devons
» vous secourir d'après les traités contre l'appa-
» rition des principes révolutionnaires ; nous ne
» pouvons tolérer toutes ces mesures spécieuses
» de justice, de modération et d'indépendance
» qui ont pour but de vous séparer de nous, de
» vos seuls véritables appuis : renvoyez vos mi-
» nistres ; ce sont des factieux qui veulent per-
» dre l'état ; la sûreté de votre trône et de nos
» peuples en dépend ; nous l'exigeons comme
» garant de vos lois et de votre repos. »

Telle est, il ne faut pas nous le dissimuler,
notre dépendance politique actuelle, et l'ascendant que la Russie, la Prusse et l'Autriche exercent sur nous et sur le continent : ces puissances
ont mis en vigueur dans les congrès et les traités, par leurs intrigues et par leurs armes, des
principes qui ne tendent à rien moins qu'à

troubler et affaiblir tous les autres états, à ménager de longue main leur dissolution, et à
faire considérer les convenances politiques et
géographiques des trois puissances associées
comme les seules prétentions justes et équitables ;
elles ont fait, comme nous l'avons dit, une première application de ces principes à la Pologne ;
elles les ont fait prévaloir aux grandes délibérations du congrès de Vienne ; la Saxe, la France,
Venise, Gênes, Lucques, l'Italie, l'Espagne
peuvent l'attester ; les petits états disparaissent
peu à peu ; les états plus considérables sont dépouillés de leurs frontières naturelles. C'est toujours la conséquence de ces mêmes principes :
ils ne peuvent qu'amener de nouveaux démembre-
mens ; car, tandis que la plupart des peuples
s'endorment dans les douceurs de la paix, s'é-
nervent dans leurs dissensions civiles, s'habi-
tuent à supporter par degrés la privation de
souveraineté et d'indépendance, la Russie, la
Prusse et l'Autriche restent en armes, et mettent
en œuvre le moyen le plus efficace d'arriver
à de nouveaux accroissemens: le droit de garantie
et d'intervention établi par elles à leur unique
avantage. La mort de l'empereur Alexandre et les
changemens survenus dans quelques parties de la
politique russe n'ont point, comme on se l'ima-

gine, détruit cette triple alliance; des mésintelligences passagères ne sont pas une rupture; les traités subsistent; nous ne les avons pas déchirés; leur action peut se ralentir un moment; mais les armées étrangères sont toujours prêtes pour la renouer à nos dépens (1).

Examinons donc avec quelque détail la situation et la direction politique de ces trois monarchies, afin de nous rendre compte, par l'appréciation de leurs élémens, de ce que nous avons à redouter de leur puissance ou à espérer de leur faiblesse; et de découvrir les moyens de nous mettre à l'abri tout à la fois de leur bonne harmonie et de leur mésintelligence.

_____

(1) C'est encore dans ce moment même la quintuple alliance d'Aix-la-Chapelle (1818) qui paraît devoir intervenir dans les affaires de la Péninsule. Aveux de MM. Damas et Villèle à la Chambre des députés, séance du 27 novembre.

CHAPITRE II.

Situation et direction politique de l'Autriche.

Il suffit de connaître les qualités et les vices d'un homme pour être à portée, jusqu'à un certain point, de prévoir quelles seront ses actions et sa conduite. Il en est de même d'un grand état : quand on a pu apprécier la nature de ses élémens, les avantages et les défauts de sa position territoriale, l'esprit de ses populations et de ses lois, la forme de son gouvernement, l'ensemble des passions et des besoins qui y dominent, on peut également se faire une idée des nécessités de sa politique et de ses destinées à venir.

La monarchie autrichienne est toute militaire. La position des ducs d'Autriche, sur le Danube, leur imposa une vie guerrière, et la forme de leur état s'en est ressentie. Les comtes de Paris se

firent rois de France en opposant une barrière aux
Normands sur les rives de la Seine ; les ducs d'Autriche, en arrêtant les Turcs sur les bords du Danube, s'acquirent en quelque sorte d'une manière
fixe la dignité élective d'empereurs d'Allemagne.
Sans les guerres de la réformation et l'influence
de la France et de la Prusse, il est probable que
ce titre électif serait insensiblement devenu héréditaire, et que la nation allemande aurait été
réunie sous le même sceptre. Les obstacles que
la maison d'Autriche a rencontrés en Allemagne
l'ont forcée de rejeter son ambition d'un autre
côté, et de composer son empire des nations les
plus diverses.

En faisant l'énumération des provinces qui
dépendent de cet empire, on demeure frappé du
peu de rapports naturels qu'elles ont entre elles :

	milles.	âmes.
1° Anciens états héréditaires, Autriche, Styrie, etc.	1,626 —	5,516,000
2° Royaume d'Illyrie , Car- niole, Carinthie.	519 —	1,059,000
3° Royaume de Bohème.	956 —	3,539,000
4° Margraviat de Moravie et Silésie.	492 —	1,890,000
5° Royaume de Hongrie.	4,180 —	8,700,000
	7,773 —	18,684,000

	milles.	kmesr
Report . . .	7,775 —	18,684,000
6° Grande principauté de Transylvanie.	842 —	1,815,000
7° Frontières militaires.	881 —	1,010,000
8° Royaume de Galicie (ancienne Pologne).	1,535 —	4,102,000
9° Royaume lombardo-vénitien.	862 —	4,161,000
10° Royaume de Dalmatie.	506 —	334,000
	12,199 —	30,106,000

Et quand, au lieu d'une adhésion naturelle de peuples, fondée sur des rapports des localités, des mœurs et des intérêts, on ne voit pour tout ciment de cet assemblage d'états, qu'un gouvernement absolu et l'autorité de la conquête, ne peut-on pas se demander si la monarchie autrichienne est aussi forte et stable en réalité qu'elle le paraît au premier coup d'œil?

On conçoit la domination autrichienne dans la vallée du Danube, appuyée sur les Alpes et sur les Krapacks, entre les montagnes de la Carniole et celles de la Bohême; mais elle ne saurait être établie d'une manière durable dans les plaines éloignées de la Pologne et de l'Italie. Cette extension accidentelle au-delà de ses limites naturelles, au lieu d'ajouter à sa force, donne à l'Autriche de la faiblesse. L'Espagne a toujours été au-delà des Pyrénées ; la France entre les Pyrénées, les deux mers, les Alpes et le Rhin, quelles qu'aient été les transmigrations de peuples et les révolutions des gouvernemens. La nature a dans ses formes quelque chose de puissant et d'irrévocable que le génie remuant des hommes est lui-même obligé de respecter.

C'est avec les états héréditaires, avec les populations allemandes que la monarchie s'est formée ; ce sont les Allemands qui ont conquis les autres peuples ; l'Allemagne entière a concouru à l'agrandissement des domaines de son chef électif : mais depuis que l'empereur d'Autriche n'est plus empereur d'Allemagne, depuis que la Prusse l'a supplanté en grande partie dans son influence sur ce pays, et que son autorité a été réduite à une simple présidence, par ambassadeur, de la diète germanique, une grande partie de sa force et un élément essentiel de son pouvoir, lui ont été enlevés, et il lui devient plus difficile de tenir réunis les pays divers que cette force a liés ensemble.

La puissance dérive de la nature des populations comme de la nature des limites territoriales. L'Autriche renferme 5,900,000 Allemands, qui ont soumis 13,400,000 Slaves,

4,900,000 Hongrois , 4,350,000 Italiens ,
1,600,000 Valaques et 560,000 Juifs, et autres peuples divers.

Cette masse énorme de treize millions de Slaves,
qui forme presque la moitié de la population
de l'Empire, ne nous paraît pas lui être complètement affectionnée. Ces Slaves parlent le
langage national du puissant empire de Russie, sont de même origine que les Russes, et
soumis à peu près aux mêmes mœurs et au
même régime civil : ces rapports peuvent pro-
duire des défections fâcheuses au premier événement.

Quel dévouement l'Autriche peut-elle espérer
des quatre millions de Slaves polonais de son
royaume de Gallicie? Elle n'a rien fait, depuis
cinquante ans qu'elle s'est emparée de ce pays,
pour l'unir à la monarchie par les liens de l'intérêt et de la reconnaissance. Marie-Thérèse, en
1772, avait promis à ses nouveaux sujets de Pologne une constitution indépendante comme
celle de Hongrie : elle mourut sans tenir sa promesse. Joseph II accorda à la noblesse des assemblées d'état tous les trois ans pour faire
seulement d'humbles remontrances; mais ses
successeurs laissèrent tomber cette institution
en désuétude, et la Gallicie fut soumise au ré-

gime administratif arbitraire des chancelleries.
Les employés allemands l'envahirent ; un très-
petit nombre de noms polonais figurent dans
les emplois. Les nobles, dépouillés de leurs
droits politiques, privés de toute influence,
sont réduits au simple rôle de propriétaires
du sol ; encore ne peuvent-ils exercer sur leurs
serfs, comme les seigneurs russes, une autorité presque arbitraire. La législation autrichienne et les employés allemands s'interpo-
sent sans cesse entre eux et les paysans, et
leur font à chaque instant sentir qu'ils n'en sont
pas les maîtres. Les paysans, favorisés d'une part
contre les seigneurs, sont de l'autre maintenus
dans la plus profonde ignorance ; les nobles qui
ont voulu établir parmi eux des écoles élémen-
taires ont été suspectés de jacobinisme, et ont
reçu défense de répandre le bienfait de l'instruction ; les juifs seuls ont été favorisés par des
lois libérales comme pour empêcher le tiers
état, dont ils tiennent la place, de naître dans
ce pays. L'Autriche enfin a considéré la Gallicie
comme une mine inépuisable de soldats et de
denrées, et elle s'est attachée à détruire toutes
les résistances qui pourraient l'empêcher de
l'exploiter à son aise. « On lèvera, écrivait Jo-
» seph II en marge d'un décret présenté à sa

» signature, on lèvera en Gallicie vingt mille hom-
» mes en apparence, et trente mille en réalité pour
» épargner le sang allemand. » Aussi, après la
bataille de Wagram, en 1809, un détachement
de quinze hussards polonais du grand duché
de Varsovie mit-il en insurrection Lemberg et
toute la province. L'influence française domina
l'esprit des Galliciens jusqu'en 1813. Depuis la
chute de Napoléon, ils sont devenus partisans
des Russes. Ce changement se conçoit quand
on considère l'identité des races, le juste mécontentement de la noblesse et le voisinage du nouveau royaume de Pologne, qu'Alexandre semble
n'avoir créé et mis en avant de ses domaines que
pour arracher, avec le temps, aux Prussiens et
aux Autrichiens, ce qui leur reste encore de ce
pays. D'ailleurs, la Gallicie est un vaste glacis
en avant des Krapacks, sans places fortes, sans
frontières naturelles, ouvert de toutes parts à la
Russie, et aussi disposé, par sa position géographique que par les passions politiques des habitans, à passer sous la domination russe. Ce n'est
qu'en 1819 que l'Autriche a commencé à con-
struire deux forteresses, Przemysl sur le San et
Stanislawow sur le Pruth.

Il ne nous paraît pas que l'Autriche puisse
recevoir de grandes forces de ses quatre mil-

lions de sujets italiens, à moins cependant que
ce ne soit par les impôts considérables qu'elle
prélève sur eux. Ils diffèrent de race et de
langage ; de hautes montagnes les séparent du
centre de l'empire ; le climat leur assigne des
mœurs différentes, et exige un régime de gouvernement particulier. Il y a en Italie une noblesse, une bourgeoisie, des paysans libres,
une multitude de grandes villes où l'opinion publique s'agite et se forme. Napoléon, qui a
détruit en France la liberté, avait appris aux
Italiens à se créer une patrie, et à se battre
avec courage pour elle. Que demandaient les
Italiens en 1814? De conserver leur nom et
une patrie indépendante. Qu'ont-ils obtenu?
D'être livrés à l'Autriche, comme les Saxons et les
Polonais ont été livrés à la Prusse et à la Russie ;
de devenir, sous le titre pompeux de royaume lombardo-vénitien, une simple province soumise,
comme le royaume de Gallicie, au minutieux
despotisme de l'administration. autrichienne.
Quels droits politique leur a-t-on accordés pour
compenser la perte de l'indépendance? Un conseil d'administration ou *congrégation centrale* à
Venise, une semblable à Milan ; des congrégations particulières pour chaque province ;
toutes présidées par les gouverneurs ou par les

délégués royaux. Les membres, il est vrai, dans chaque localité, en sont choisis par les nobles, les propriétaires et les bourgeois ; mais cette élection est illusoire ; les citoyens n'élisent que des candidats, parmi lesquels l'empereur choisit les prétendus députés de la nation. D'ailleurs les attributions de ces assemblées sont purement administratives et nullement législatives. Elles n'ont qu'à répartir l'impôt et les charges militaires fixés par le souverain, à administrer les communes et les routes, et à faire connaître à l'empereur les vœux et les besoins du pays (1). Les troubles de 1820 et 1821 ont prouvé que cette situation était loin de satisfaire l'esprit des Italiens. Le grand nombre d'Italiens arrêtés pour des délits politiques (2), les condamnations rigoureuses que plusieurs ont subies, l'exil et l'emprisonnement que d'autres supportent dans les châteaux de Bohême et de Hongrie, les cantonnemens éloignés qui ont été assignés aux

(1) Constitution du royaume lombardo-vénitien du 24 avril 1815.

(2) Nous avons entendu dire à une personne qui revenait du congrès de Vérone qu'à cette époque les Italiens détenus pour délits politiques étaient au nombre de vingt-cinq à vingt-six mille.

troupes italiennes, les garnisons nombreuses qui occupent le pays, montrent assez que les provinces italiennes ne sont point affectionnées à la monarchie, et qu'au moment du danger l'Autriche sera dans la nécessité d'y maintenir une puissante armée pour forcer les Italiens à la soumission et à l'obéissance.

Que dirons-nous des Hongrois ? Leur constitution les lie au chef de la maison d'Autriche comme à leur roi héréditaire ; mais cette même constitution les tient en opposition et en défiance contre la monarchie ; leur existence politique est fondée sur des libertés et des droits antiques ; la monarchie se meut par les ressorts du gouvernement arbitraire et absolu ; ils aiment leur roi comme leurs autres privilégiés, et voudraient le posséder exclusivement ; ils redoutent les chancelleries de Vienne, qui cherchent sans cesse les moyens de les dépouiller de leurs droits, et de les administrer comme les autres provinces de l'Empire. La Hongrie et la monarchie autrichienne, au lieu d'être unies et d'accord, offrent donc, sur plusieurs points, le spectacle d'une lutte très-active, et de cet état d'hostilité qui doit toujours subsister entre une constitution libre et un gouvernement absolu.

La constitution hongroise toute féodale est un

véritable phénomène dans le sein de l'Europe moderne. Le gouvernement est entre les mains du roi, la législation entre les mains du roi et de la diète. La diète se compose de la chambre des magnats, où siégent quatre-vingt-neuf prélats, barons, comtes et autres grands seigneurs, par *droit personnel;* de la chambre des états et des ordres, où dix-huit conseillers royaux, trente-cinq députés du clergé, quatre-vingt-quinze députés de la noblesse des comtés, soixante-onze députés des villes ou corporations séparées et les procureurs fondés d'un certain nombre de grands, prennent place.

Les grands et les nobles ont seuls le droit de posséder des terres. Les bourgeois des villes n'en peuvent posséder qu'au titre de corporation, ayant les mêmes droits qu'un seigneur. C'est le moyen âge tout vivant; les libertés sont exclusivement réservées à la noblesse. Elle se divise en magnats, gentilshommes possesseurs, et armalistes ou gentilshommes à diplôme. Exempts d'impôts, ils ne paient que des subsides volontaires que fixent les diètes; en cas de guerre, au premier appel du roi, ils sont tous tenus de monter à cheval; l'insurrection hongroise est notre ancien arrière-ban. Ils jouissent encore comme seigneurs de certains droits de souverai-

neté, jugent leurs sujets au civil en première
instance, et quelques-uns même décident de
leur sort dans les affaires criminelles. Une partie de la noblesse défend la liberté du royaume :
les plus grandes familles suivent le parti de la
cour, et exercent dans les affaires de l'Empire une
influence considérable, à laquelle les Allemands
ont été obligés de les admettre pour gouverner
par leur intermédiaire la Hongrie.

Mais le trait le plus caractéristique des Hongrois, c'est leur attachement à leurs priviléges :
les diètes en offrent un exemple constant. Celle
de 1811 ne voulut jamais consentir à contribuer
à l'acquittement des dettes de l'Empire ; elle demanda que, si les provinces perdues par le traité de
Vienne étaient récupérées, elles fussent rendues
au royaume avec tous leurs priviléges, et qu'on
interdît certaines publications favorisées par la
chancellerie de Vienne contre leur constitution.

Enhardie par le succès de ses armées en 1813,
1814 et 1815, la cour de Vienne a fait des tentatives nouvelles pour détruire des priviléges qui
la gênent et la contrarient ; de 1811 à 1825
elle n'a pas assemblé de diète ; elle a essayé tous
les moyens d'introduire en Hongrie les principes
d'administration auxquels elle a soumis les autres provinces ; elle a, sans le concours de la

diète, ordonné et exécuté des levées d'hommes et d'argent, malgré les remontrances et l'opposition des administrations locales ; elle a violé les principes qui garantissaient aux Hongrois la sûreté des personnes et l'indépendance de la justice ; elle a enfin, pendant treize années, gouverné le royaume par ordonnances, et cherché à établir en habitude le principe que les ordonnances sont irrévocables comme les lois.

Mais il paraît que les nobles hongrois ont été plus opiniâtres que la chancellerie autrichienne ; ils ont réclamé à plusieurs reprises la convocation de la diète , et ont exprimé ce vœu avec assez d'énergie pour que la politique autrichienne ait été obligée de l'exaucer. Les plaintes de la diète qui tient encore ses séances ont pénétré jusqu'à nous. Elle a ouvertement accusé le système ministériel suivi depuis plusieurs siècles, et les décisions qui en émanent, de ne tendre à rien moins qu'au renversement complet de la constitution du royaume ; elle a demandé la punition exemplaire des agens coupables d'avoir violé les lois, la convocation des diètes tous les trois ans , la limitation de l'action du pouvoir exécutif par les lois , la mise en jugement des agens qui ont fait exécuter les ordres illégaux, la publicité complète des actes et délibérations des assem-

blées publiques (1). « Nous avons des libertés
» superbes, égales à celles des nations an-
» ciennes et modernes les plus libres, a dit
» la noblesse dans plusieurs comtés ; mais
» nous manquons de moyens de communi-
» quer promptement à nos commettans les ré-
» sultats de nos délibérations. Nos magnats se
» font rédiger des journaux manuscrits de cha-
» que séance importante ; mais ces relations ne
» peuvent pas être mises à la disposition de tout
» le monde. Il est donc nécessaire, pour l'exer-
» cice même de nos pouvoirs, qu'il soit rédigé
» des journaux imprimés de tout ce qui se fait
» dans nos séances ; sans cette publicité toutes
» nos libertés restent compromises. » Ce sont les
députés des comtés et des villes qui ont mis en
avant et soutenu ces résolutions. Ils ont demandé
en outre la libre correspondance des assemblées provinciales entre elles. « La publicité, ajou-
» tent-ils, fera disparaître les dénonciations ca-
» lomnieuses en mettant l'opinion publique
» à portée de juger et de s'exprimer franche-
» ment, et en faisant tomber le mur de sépara-

_____

(1) Représentation de la diète hongroise du 22 octobre
1825. (Journal des Débats.) *Annuaire* de M. Lesur. 1821.

» tion qui isole les citoyens du monarque et les
» citoyens entre eux.»

Ils n'ont obtenu que la promesse de convoquer la diète tous les trois ans. La publicité des
débats et la punition des prévaricateurs leur ont
été refusées. L'empereur et roi, tout en protestant
qu'il considérait la constitution comme sacrée,
et qu'il en serait le premier défenseur, a déclaré
cependant que dans certains cas urgens sa prérogative royale l'autorisait à pourvoir sans la
diète aux mesures de sûreté générale (1).

Mais cette assemblée a soulevé une question encore plus sérieuse. Elle a non-seulement
demandé la réunion au royaume des provinces
que la paix de 1809 en avait séparées, mais elle
a prétendu étendre ce principe aux royaumes de
Gallicie et de Dalmatie, comme pays dépendans autrefois de la Hongrie, faisant valoir surtout pour la Gallicie les motifs allégués par
Marie-Thérèse pour s'en emparer en 1772 (2).

Il est donc bien avéré que le royaume de
Hongrie, loin d'être uni à l'empire d'Autriche,

_____

(1) Résolution impériale et royale du 9 novembre 1825.
Annuaire de Lesur.

(2) Voir au chapitre V.

est sur plusieurs points fondamentaux en complète opposition avec le gouvernement impérial; que ce royaume repousse avec constance et énergie le joug dé que la cour Vienne voudrait lui imposer; que des sujets de discussion subsistent dans ce moment même entre l'Empire et la Hongrïe, et entravent les levées d'hommes et d'argent; qu'enfin les prétentions des Hongrois vont jusqu'à vouloir dépouiller l'Empire de deux de ses plus vastes provinces (1).

Ces prétentions, fondées sur des droits antiques . sont soutenues avec énergie par une noblesse nombreuse et indépendante; elles mettent la cour de Vienne dans l'embarras, et lui préparent un avenir menaçant. L'aristocratie hongroise est d'autant plus formidable qu'on ne peut pas élever contre elle la démocratie, et balancer son ascendant par l'influence des communes; les communes, en vertu de la constitution, n'agissent point comme tiers état; chaque ville figure comme *un seigneur.* Quant aux paysans, ils sont dans un état complet de

_____

(1) Au mois de juin dernier la diète de Hongrie a décidé la création d'une université hongroise, institution nationale toujours repoussée par la cour de Vienne. (Voir le Journal des Débats du 17 juin 1826.)

servage et de nullité politique; comme en Pologne et en Russie.

Ces difficultés politiques peuvent devenir encore plus graves par la nature des populations et la différence de religion. La moitié de la population est de race slave, et sert de communication entre les Slaves de Russie et de Gallicie et ceux de la Servie et des bords de l'Adriatique; le quart de cette population, c'est-à-dire près de deux millions d'âmes, professe la religion schismatique grecque. On a vu en 1815 l'empereur Alexandre, dans une apparition calculée qu'il fit en Hongrie, exciter l'enthousiasme des sectateurs du rit grec, des magnats et du peuple.

Dans la monarchie autrichienne le catholicisme est la religion dominante de l'état; le catholicisme et les préjugés des populations catholiques ont été une des principales causes de l'agrandissement de la monarchie; à l'époque où le fanatisme religieux agitait l'Europe, où la réformation était aux prises avec l'Église romaine, ces populations ont dû se rallier au pouvoir qui agissait pour la même cause, et mettre à sa disposition toutes leurs ressources et toutes leurs forces; c'est donc en assurant le triomphe de l'Église romaine que l'Autriche s'est agrandie et consolidée. Que n'ont pas fait alors les jésuites et les prêtres pour étendre l'autorité de la maison d'Autriche tant au dehors qu'au dedans de l'Empire, pour lui asservir d'autres états, et pour façonner ses sujets au gouvernement absolu (1) !

Mais une révolution complète s'est opérée dans la religion comme dans les affaires politiques d'Allemagne : il n'y a plus, à fort peu d'exceptions près, de fanatisme ni parmi les princes ni parmi les peuples; et l'esprit de tolérance, qui a pénétré partout, a détruit un des plus puissans ressorts de la monarchie autrichienne. Vingt-trois millions de sujets catholiques, sans crainte pour leur culte, ne menacent plus le culte des autres sectes, et ne prêtent plus à la politique l'appui de leurs bras et le secours de leurs richesses.

Les véritables soutiens de l'empire autrichien sont l'administration et l'armée : l'une et l'autre se trouvent entre les mains de la noblesse. Il s'est formé au centre du gouvernement, dans les hautes chancelleries qui le composent, di-

(1) Les jésuites chassés de Russie, ont reçu des Autrichiens un asile et un établissement d'instruction publique à Tarnopol en Gallicie.

verses coteries aristocratiques de nobles autrichiens, bohêmes et hongrois, qui se disputent
les places, la faveur et le pouvoir, conservent
de certaines maximes d'état, et transigent sur
les affaires politiques, dont elles ont saisi le
monopole et la direction à l'exclusion même
des princes. Cette aristocratie est si puissante
qu'en 1813, dans la coalition qui se forma
contre Napoléon, elle fit éloigner de tous les
emplois les princes du sang, afin d'ôter au
conquérant qu'elle voulait abattre les moyens
secrets d'arriver au chef de l'état, et de traiter
avec lui de la paix. Les hauts fonctionnaires
des chancelleries, que ces coteries parviennent
à faire investir du pouvoir, forment une espèce
de sénat impérial qui régit, au nom de l'empereur, les destinées de l'Empire. Au-dessous d'eux
vient ensuite, dans les grands emplois de la diplomatie, du gouvernement des provinces et
du commandement de l'armée, toute leur active clientelle; puis se montrent encore plus
bas les nuées d'officiers civils et militaires, qu'on
recrute non-seulement parmi la petite noblesse,
mais encore parmi la bourgeoisie et la classe
des professeurs et des savants; enfin le piédestal
de cette vaste organisation est une armée de trois
à quatre cent mille hommes, et un trésor annuel

de cent cinquante millions de florins. Dans l'intérieur de l'Empire toute cette puissance est
réelle; et le pouvoir, quoique arbitraire et absolu
(excepté dans la Hongrie), a su s'imposer de
certaines règles et une méthode suivie, qui l'ont
fait aimer dans quelques provinces, par exemple en Autriche, en Styrie, dans le Tyrol, en
Moravie, en Bohême. Il y a beaucoup d'union,
d'ensemble, de persévérance dans les conseils;
beaucoup de méthode et de sévérité dans l'exécution et la pratique; mais cette masse si puissante de tous les hommes qui font partie du
gouvernement, et vivent d'emplois et de salaires,
offre cependant un côté faible et un principe
de désunion : les roturiers jalousent les nobles,
et tiennent beaucoup aux idées libérales et constitutionnelles qui ont pénétré dans les classes
inférieures de ce pays comme ailleurs.

Quant au dehors, le succès et la puissance de l'Autriche dépendent de certains préjugés nationaux. Contre la France, elle sera toujours secondée par les vœux de quelques-uns des
peuples de l'Empire, tels que les Autrichiens, les
Hongrois et les Bohêmes; c'est une habitude prise
depuis trois cents ans de combattre contre nous,
de nous considérer comme des ennemis irrécon-
ciliables, d'ajouter des forteresses aux barrières

naturelles qui nous séparent. Pendant long-
temps cette opinion a été juste ; ce n'est plus
aujourd'hui qu'une erreur qui sera plus funeste
à l'Autriche qu'à nous ; car cette erreur lui
cache le côté du danger.

Contre la Russie, l'Autriche ne peut qu'être
faible et craintive. C'est avec la Russie qu'elle a
partagé la Pologne, qu'elle s'est affranchie du joug
de Napoléon, qu'elle a repris son ascendant en
Europe. Vers la Russie, rien n'a été prévu pour
l'attaque ou pour la défense ; l'accès de l'Empire
est ouvert de toutes parts ; les populations principales ont avec les Russes des mœurs, des penchans, un état social à peu près communs. L'Autriche est le pays où la Russie paie le plus de pen-
sionnaires et a distribué le plus de croix ; enfin,
une longue union politique avec les Russes a em-
preint, dans tous les cœurs, des sentimens favorables, auxquels il serait bien difficile de substituer subitement la défiance et l'inimitié.

Nul doute cependant que, depuis que le partage des dépouilles a été consommé au congrès
de Vienne, que le royaume de Pologne a été
exigé par Alexandre, et que la Russie s'est montrée
décidée à s'avancer vers Constantinople, les
deux redoutables alliées ne se soient regardées en
face, et n'aient mesuré leur avenir ; nul doute

que le cabinet de Vienne n'ait vu avec effroi l'a-
grandissement de la Russie et les progrès qu'elle
doit faire encore ; mais on dirait qu'il a trouvé
que c'était trop peu d'un ennemi si puissant ; il
s'est placé , par un aveuglement inconcevable ,
dans la fâcheuse nécessité d'arrêter d'une part
les progrès de la Russie , de l'autre les progrès
du libéralisme ; de lutter tout à la fois contre
la barbarie et contre la civilisation ; de redouter les armées russes et les soulèvemens des
peuples.

Cette situation complexe explique les hésita-
tions, les inquiétudes et tous les actes de la
diplomatie autrichienne. L'Autriche voudrait en
même temps exercer sur l'Europe l'injuste droit
d'intervention, empêcher la Russie de s'emparer
des provinces turques, et tenir tous les peuples
dans l'asservissement. Cette entreprise est au-
dessus de ses forces et de son pouvoir : elle sera
inévitablement entraînée, ou à accorder à la
Russie de nouveaux partages, ou à souffrir que
les peuples obtiennent des garanties de leurs
libertés. Dans le premier cas, elle ne pourra
s'agrandir, comme la Prusse, qu'en augmentant
sa dépendance ; dans le second cas, elle nous
paraîtrait trouver plus de chances de salut ; mais
M. de Metternich pourra-t-il révolutionner son

propre caractère et adopter des principes si opposés à ceux qu'il a professés depuis dix ans? Le
vrai mérite des hommes d'état est de savoir subir
des métamorphoses et de changer de système en
temps opportun.

CHAPITRE III.

De l'État et de la Direction politique de la Prusse.

La monarchie prussienne ne date pas de loin : elle doit sa naissance et son élévation aux guerres de la réformation et à la dissolution plus récente de l'empire germanique.

Les chevaliers teutoniques formèrent le noyau de cet état sur les débris des Borusses ou Prusses, peuple slave qu'ils vainquirent et dont ils adoptèrent ensuite le nom. Le domaine de l'ordre était un fief du royaume de Pologne disputé par l'Empire. En 1511 les chevaliers choisirent pour le grand maître le margrave Albert de Brandebourg. Treize ans après, le roi de Pologne ôta le gouvernement des mains des chevaliers, qui se faisaient haïr du pays, et en investit le margrave à titre de fief héréditaire transmissible de mâle en mâle, avec l'hommage envers la couronne de Pologne. L'héritier d'Albert étant imbécile, l'électeur de Brandebourg, Frédéric, s'empara de l'administration du duché de Prusse, et l'électeur Sigismond, son fils, en obtint plus tard l'investiture, toujours avec l'hommage envers la Pologne. Ce ne fut que sous le petit-fils de celui-ci, sous Frédéric-Guillaume, dit *le grand électeur,* que la Prusse commença à sortir de son obscurité. Ce prince sut abaisser la noblesse, se créer une autorité absolue, lutter tour à tour avec habileté contre la Suède, la Pologne, la Russie, l'Autriche et la France, acquérir une grande considération et une espèce de protectorat de fait sur tout le nord de l'Allemagne. Il n'y a que cent vingt-cinq ans que le fils du grand électeur se fit couronner roi dans Kœnigsberg : il possédait alors un fort petit royaume. Son successeur cependant put amasser un trésor et former une armée de soixante mille hommes. Ce fut avec ces ressources que le grand Frédéric commença son règne : il laissa à sa mort une armée de deux cent vingt mille hommes, et cinq à six millions de sujets. La nécessité de conquérir pour subsister avait mis la nation dans l'armée ; le royaume fut sous son règne organisé comme un vaste camp ; mais Frédéric eut l'habileté d'associer les lumières de la civilisation à

l'esprit belliqueux des descendans des chevaliers
teutoniques, et d'allier, à l'essence militaire et
absolue de son gouvernement, la puissance de
l'opinion.

C'est ce double système qui, depuis la réformation, a toujours favorisé la Prusse dans sa
lutte avec l'Autriche. Frédéric, pour abaisser la
maison d'Autriche, fut du reste obligé· de recourir à la Russie, de s'associer à ses projets de
partage, de démembrer avec elle le propre domaine de ses seigneurs suzerains, de fonder une
alliance qui n'a guère été interrompue depuis
1764, d'introduire enfin la Russie au cœur de
l'Europe, toujours par cette nécessité de conquérir pour subsister, mobile unique de la monarchie dès son berceau, et qui la mène ou
à sa dissolution ou au complément de sa gran-
deur.

Toutes choses y sont arrangées selon cette
nécessité. Le gouvernement émane du roi et de
son cabinet seul; l'administration est entre les
mains des ministres, et les affaires se concen-
trent dans celles du grand chancelier. Onze à
douze millions d'âmes alimentent une armée
permanente de deux cent mille soldats et une
landwher de deux à trois cent mille hommes prête
à se mouvoir: la moitié d'un revenu de 250 mil-

4

lions de francs est affecté à la guerre. Tous les esprits sont sans cesse tenus en éveil par l'idée de se défendre ou d'attaquer.

Du reste la justice est bien administrée; la haute instruction publique est protégée et souvent encouragée; les emplois sont donnés au service et au mérite, selon une hiérarchie bien réglée; tous les sujets sont égaux devant les lois, tous contribuent aux charges et aux impôts en proportion de leurs biens; les paysans sont affranchis des sujétions héréditaires, des corvées, et peuvent se racheter de leurs redevances; la liberté personnelle est garantie, et le gouvernement se montre toujours favorable aux progrès de la civilisation et des lumières. Ce mélange de libéralisme et d'esprit militaire donne à la Prusse un caractère tout particulier, et qui, au premier moment, produit une impression favorable. A entendre les grands, les hauts fonctionnaires, les personnages de la haute société, on se croirait dans un état républicain où la justice et la modération président, où la liberté de la pensée ne reçoit aucune entrave; on dirait un pays gouverné par la philosophie elle-même.

Mais c'est de la philosophie à la manière du grand Frédéric; elle n'est qu'une ruse pour mieux tourner les choses au profit de l'autorité absolue

et du gouvernement militaire. Le paysan reste
dans l'ignorance; on donne avec soin de l'instruction au soldat, non pour l'introduire dans la vie
civile, mais pour l'attacher encore plus à la vie
militaire. On favorise les lumières et la civilisation ; mais on se garde bien d'accorder au pays
des assemblées politiques ; et les Prussiens , ou-
bliant les motifs du soulèvement national de 1813,
se contentent d'une espèce de conseil administratif pour chaque province (1) , qui députe à l'assemblée des états du royaume , avec le droit de
remontrance et sans pouvoir législatif. Il faut
que rien n'entrave la volonté du chef de l'état
dans la paix comme dans la guerre : cela ne
peut pas être autrement ; la position territoriale
l'exige.

La Prusse est encore plus disséminée et inco-
hérente que l'Autriche, sous le rapport du territoire; sa position est ouverte du côté de la
Bohême et de la Saxe, de la Pologne et de
la Russie, des Pays-Bas et de la France. Elle
étend un bras à Memel, l'autre à Thionville,
et son corps morcelé s'allonge sur un espace
de près de quatre cents lieues. Il n'y a pas une

_____

(1) Ordre du cabinet du 17 août 1825. (Lesur. Appen-
dice, p. 48, 1825.)

Prusse; il y en a trois, une en Russie, une en Allemagne, et la troisième en France. Tout est factice, artificiel, forcé, dans l'agrégation de ses parties. Il ne faut rien moins qu'une violente ambition et une puissante armée pour les tenir liées ensemble. Rien n'est plus contraire à la nature des choses que l'existence d'un pareil état; si l'on ne consulte que les rapports géographiques, il doit se dissoudre; si on ne tient compte que des élémens politiques, il doit conquérir.

La Prusse trouve une compensation dans l'homogénéité de sa population. Les Allemands protestans y dominent, lui donnent de l'unité et de la force, et attirent à elle les forces des autres peuples d'Allemagne de même religion. ·

· Mais le cabinet de Berlin est placé dans une singulière perplexité. Il a obtenu le partage du protectorat de l'Allemagne; il ambitionne même de se montrer le premier soutien du corps germanique; il a un extrême besoin de le faire croire aux Allemands; mais en même temps il est pressé de s'agrandir et de s'étendre, et il ne peut s'étendre qu'aux dépens de l'Allemagne qui l'entoure. A entendre les Prussiens, ils ont été les sauveurs, les libérateurs de l'Allemagne; ils se sont fait traiter de fils aînés de la patrie allemande. Mais quand, au congrès de Vienne, il a été question de constituer l'Europe et l'Allemagne, ils n'ont pas eu de cesse qu'ils n'aient obtenu la moitié du royaume de Saxe, qu'ils n'aient spolié un prince allemand ; et ils ont tourné en dérision les principes de justice que la France a mis en avant dans ce congrès pour les faire renoncer à leur envahissement. Remontons plus haut encore pour juger du mérite de leurs prétentions à protéger l'Allemagne. N'ont-ils pas mis en dissolution l'ancien corps germanique en faisant avec la république française la paix séparée de 1795, et en y faisant comprendre tous les états de l'Allemagne du nord ? n'est-ce pas alors leur ambition qui a livré l'Allemagne à la France ? Ils avaient à partager la Pologne, et ils n'étaient pas fâchés de jouer ce tour aux Autrichiens, qu'ils ont laissés se battre seuls. Plus tard ils s'en sont repentis. Mais depuis leur régénération, qu'ont-ils donc tant fait pour l'Allemagne ?

L'intérêt de la patrie allemande était, en recréant une confédération germanique, de lui donner un chef. Ce chef se trouvait par les antécédens naturellement désigné dans la maison d'Autriche ; l'Allemagne aurait alors en effet présenté un corps formidable, capable de pro-

téger le repos de l'Europe : c'est en voulant conserver leur prépondérance que les Prussiens ont
empêché la fédération d'être protégée par un
gouvernement central. Ainsi, ils ont dissout
l'ancien corps germanique par la paix de 1795;
ils ont empêché le nouveau de renaître en lui
donnant deux chefs. Il est plus facile de voir dans
cette conduite des marques d'une ambition démesurée de désunir pour conquérir, que d'une
conduite sincère et désintéressée.

D'ailleurs, dans les circonstances actuelles,
d'où vient que la Prusse semble seconder si
faiblement l'Autriche dans l'opposition que cette
puissance veut mettre aux empiétemens de la
Russie? Elle pourrait, marchant d'accord avec
l'Autriche, arrêter les projets ambitieux de leur
alliée, et assurer la prolongation de l'état de
paix. Par quelles vues se laisse-t-elle entraîner
dans le système russe?

Toujours par les mêmes vues, par la nécessité de conquérir et de se donner des limites
plus naturelles et plus formidables. Nous pouvons appuyer cette assertion de l'aveu même de
ses agens au congrès de Vienne. « Il y a, disait
» l'un d'eux, un élan dans la nation prussienne
» difficile à contenir. Sa position géographique
» est désavantageuse; elle veut l'améliorer, et y

» tiendra toujours. L'expérience a prouvé sur ce
» point sa marche progressive : sous les rois fai-
» bles comme sous les rois forts, dans les succès
» comme dans les revers, elle s'est toujours
» agrandie; elle est pauvre, et par conséquent
» guerrière. L'état de guerre est son état natu-
» rel, comme il a été celui des Romains; et,
» pour la satisfaire, il aurait fallu que le con-
» grès lui eût donné de suite *un grand morceau*,
» et l'eût placée dans la classe *réelle* des grandes
» monarchies (1). »

Le malaise de la Prusse vient donc de s'être
élevée, par son activité et son ambition, au rang
des premières puissances de l'Europe, et de ne
posséder ni le territoire, ni la population, ni les
richesses nécessaires pour soutenir naturellement
cette position. Elle emploiera toujours tous ses
efforts pour acquérir ce qui lui manque; elle ne
tient à la sainte alliance, à la politique de convenance et à l'alliance surtout de la Russie que parce
qu'elle ne voit que là une possibilité de gagner
du terrain. Il lui faut, pour se soutenir dans la

---

(1) Mémoires de M. de Gagern, ministre des Pays-
Bas au congrès de Vienne, t. II, p. 315. Stuttgard,
1826, publié sous le titre de *Mein Antheil an der Po-
litik.*

classe réelle des grandes puissances, les débris
de la Saxe et le royaume de Hanovre. Ce n'est
que dans une guerre générale, entre la Russie et
l'Angleterre, qu'elle peut trouver une occasion
d'englober ces deux royaumes dans ses posses-
sions. En aidant la Russie à affaiblir l'Autriche,
elle peut se flatter aussi de conquérir un jour
la Bohême et de trouver une bonne chance
pour arriver à l'empire d'Allemagne. La dignité
impériale qu'elle a fait refuser à sa rivale est
évidemment le but secret où elle tend : ce titre
d'empereur d'Allemagne se mesurerait mieux,
dans son association politique, avec les empereurs d'Autriche et de Russie. Les peuples
allemands se trouveraient par l'élévation de la
Prusse subordonnés à un seul chef de même
race : cette idée peut trouver même de l'appui
parmi les nombreux partisans de l'unité allemande. Ainsi la Prusse, au lieu d'être, comme
on se l'imagine, une gardienne bien sûre de la
confédération germanique, nous paraîtrait destinée, par son ambition personnelle, à en rouvrir
une seconde fois l'entrée à un conquérant étranger : c'est une conséquence nécessaire de sa situation géographique, de son organisation militaire et de sa direction politique ; mais nous
devons remarquer que plus la Prusse s'agran-

dira, et plus elle sera subordonnée à la puissance qui lui aura facilité ses progrès ; elle détruira d'anciens états , elle fera de grandes conquêtes, au profit de la Russie ; du côté de cette puissance elle deviendra de plus en plus découverte et vulnérable : c'est par là qu'une nouvelle bataille de Jéna peut la faire périr.

CHAPITRE IV.

De l'État et de la Direction politique de la Russie.

Qu'est-ce donc que cette Russie, inconnue à l'histoire des temps anciens, étrangère il y a cent ans aux intérêts de l'Europe, et qui maintenant se montre partout, se mêle de tout, fait fléchir devant elle nos vieilles monarchies, et trouve les hommes et les choses si merveilleusement disposés pour l'accroissement de son empire?

Nous pourrons la définir en peu de mots; la Russie, c'est l'empire des Slaves. Les Slaves, descendans des anciens habitans de la Scythie, ont formé l'arrière-garde des grandes invasions de barbares qui ont détruit l'empire romain. Ils se sont avancés sur les pas des Goths, des Vandales, des Huns, des Lombards et des Allemands, jus-

qu'aux bords de l'Elbe, du Danube et de l'A-
driatique; mais, repoussés par ceux qui les pré-
cédaient, ils furent obligés ou dé se soumettre
à leur domination, ou de revenir se fixer dans
les plaines qui séparent la Baltique de la mer
Noire, vaste berceau de leurs ancêtres. Ce fut
de ces peuplades dispersées, appelées en langue
slave *Rosseïe* ou Russie, que sortirent dans le
neuvième siècle Nowogorod, Kiow, Wlodimir,
Moscou et quelques autres petits états slaves.
Ces états reçurent dans le siècle suivant, par
leurs relations avec Constantinople, la religion
chrétienne et la civilisation corrompue des Grecs.
Obligés dans le treizième siècle de subir le joug
de Gengiskhan, ces élémens naissans de l'empire
des Slaves restèrent pendant deux cents ans tri-
butaires des Tartares.

Trois grandes époques ont marqué depuis la
consolidation et les progrès de la Russie. Au
quinzième siècle elle s'affranchit de la domination des Tartares, et s'étendit partout où cette
domination avait pesé; dans le dix-huitième
siècle Pierre Ier, par ses réformes et ses conquêtes, en a fait un empire d'Europe; au commencement du siècle actuel cet empire, en renversant la puissance de Napoléon, s'est mis à
la place du colosse abattu. Les conséquences

de ce dernier événement ne nous paraissent pas avoir été suffisamment comprises.

La Russie est maintenant un empire dont la population s'élève de cinquante-cinq à cinquante-huit millions d'habitans, qui, appuyé sur les glaces du pôle et sur les déserts de la Sibérie, se pousse à l'occident et au midi vers l'Europe et vers l'Asie. Quarante-cinq à cinquante millions de Russes, de Cosaques, de Polonais, de Lithuaniens, de Serviens colonisés, sont de race slave ; ils constituent la force et l'âme de l'empire. Réunis en une seule masse sous le même sceptre, ils attirent à eux, par la force naturelle des choses, les populations des empires voisins. Vingt-cinq à trente millions de Slaves habitent le grand duché de Posen, la Pomérélie, la Saxe, la Silésie, la Bohême, la Gallicie, la Moravie, la Hongrie, la Transylvanie, l'Esclavonie, la Croatie, le pays des régimens frontières ; ils font une partie de la population de l'Autriche, de la Styrie, de la Carinthie, de la Carniole, du Frioul, de la Dalmatie et de Raguse ; ils sont répandus jusqu'en Bosnie, Albanie, Servie, Bulgarie, Valachie et Moldavie ; la Russie est le centre de cette race nombreuse, qui touche à la fois à la mer Blanche et à la Méditerranée, aux déserts de la Sibérie et aux campagnes fertiles de l'Italie,

qui se qualifie de nation victorieuse (1), véritables
Huns civilisés qui reparaissent et reviennent
s'établir plus régulièrement en Europe, et auxquels toutes les autres races semblent destinées
à obéir. Car qui pourrait résister à la force de
soixante-quinze à quatre-vingts millions d'hommes de même origine, de même langue, à peu
près de mêmes mœurs, si jamais les circonstances
les réunissent sous le même chef? Et n'est-il pas
dans la position, dans la politique, dans la destinée de la Russie d'opérer un jour cette grande
et redoutable réunion?

Tout le monde sait que la Russie est gouvernée par un empereur autocrate, par un chef unique qui réunit tous les pouvoirs civils, militaires, politiques et religieux, et dont la volonté
est la loi suprême; que le conseil de l'empire,
le sénat, le synode ne sont en Russie que des
corps subordonnés à la volonté du prince dans
l'ordre politique, judiciaire et religieux; que la
noblesse y possède toutes les terres et tous les
emplois; qu'il n'y a pour tiers état que des juifs
ou des marchands à demi esclaves; que la masse
du peuple y est passive, et que dans l'ordre social tout se règle et se meut par le sabre et le

(1) *Slave* veut dire *victorieux.*

tambour. Où peut conduire un pareil état , si ce n'est à la guerre et à la conquête ?

L'autorité absolue de l'empereur est d'une nature toute militaire; elle s'exécute sans remontrances comme une consigne; elle a quelque chose du despotisme asiatique; aucune autorité ne la tempère; aucun usage ancien ne la rend uniforme et stable; l'ukase de l'empereur est la loi; Paul Ier déclara que les simples ordres donnés par lui à la parade seraient considérés comme des ukases; tant que la voix du maître est soutenue de la force, elle fait le droit. Il n'y a jusqu'à présent que cette règle sur l'ordre d'hérédité; les régimens des gardes et les conspirations du palais ont ôté ou donné la couronne; rien de moins soumis aux principes de la légitimité que ce trône , qui affecte de soutenir toutes les légitimités du monde. Un souverain légitime y a été détrôné, mis à mort, et remplacé par une femme étrangère. Un ukase de Pierre Ier a autorisé les czars à se choisir leurs successeurs même parmi les princes étrangers. Ne venonsnous pas de voir tout récemment la volonté d'Alexandre intervertir l'ordre naturel de l'hérédité parmi ses frères? La force ne peut pas même s'y soumettre au droit de la naissance. C'est la forme et le régime du sérail, où la puissance du maître

vivant est tout. Mais en Russie comme en Turquie une force vient souvent tenir en échec le
despotisme lui-même ; c'est celle des instrumens qu'il emploie. L'influence des janissaires a
souvent modifié et violé les ordres du sultan ; l'influence de l'armée et de la noblesse russe peuvent
aussi agir sur la volonté de l'empereur autocrate.

Il ne faut compter pour rien la classe des
paysans ; c'est une masse de quarante-cinq à cinquante millions de serfs , simples instrumens et
nullement moteurs de la politique ; ce sont ,
comme nous l'avons dit ailleurs , des choses
et non des hommes ; le mobilier de la terre ,
aucunement des citoyens ; un vaste appro-
visionnement de soldats et de laboureurs. La
servitude personnelle , abolie par les ukases , est
maintenue par l'habitude et par l'ignorance.
Attachés à la glèbe , ils ne peuvent ni quitter la
terre dont ils dépendent, ni travailler pour leur
compte, ni commercer, ni même mendier sans
la permission du seigneur. Ils sont sous la police
arbitraire de leurs maîtres, qui peuvent leur in-
fliger les battogues, les désiguer pour l'enrôle-
ment, et les employer selon leurs caprices à
toutes sortes de métiers. Ils donnent de la puissance aux seigneurs ; et ils n'en ont aucune par
eux-mêmes. Soumis à un impôt de capitation

au profit de l'état, et à une foule de redevances et de corvées envers leurs seigneurs, il paraît qu'au dernier changement de règne ils ont, sur plusieurs points de l'empire, manifesté l'intention de s'affranchir de quelques-uns de ces pesans fardeaux et d'obtenir une existence plus douce. Les hommes qui ont tenté d'introduire des changemens politiques dans l'empire ont fait circuler parmi eux le bruit que les paysans de la couronne étaient libérés de leur redevance en argent appelée *obrok*, et que les paysans et fermiers seigneuriaux étaient dispensés de l'obéissance et des obligations qu'ils doivent à leurs seigneurs. Trompés par ces fausses espérances, ils ont refusé dans quelques lieux de payer la capitation et d'obéir à leurs maîtres; ils ont adressé à l'empereur des demandes exagérées fondées sur ces bruits trompeurs, et il a fallu les menacer des peines les plus sévères pour les faire rentrer dans l'ordre et le devoir. Mais l'instruction et les lumières leur manquent pour devenir redoutables et pour que ces mouvemens aient des conséquences sur l'état de l'Empire (1). La couronne possède six à sept millions de serfs mâles; la no-

---

(1) Ukase ou manifeste de l'empereur Nicolas du 30 mai 1826. *Journal des Débats* du 17 juin.

blesse possède le reste. L'empereur, comme propriétaire d'un tiers des serfs et des terres, dispose de grands moyens matériels de puissance, outre ceux qu'il tient de son autocratie.

Ce qu'on appelle ailleurs le tiers état est dispersé et enseveli en Russie dans l'immensité du territoire et de la servitude. Trois sortes d'élémens épars le composent. Il y a dans les principales villes des classes de bourgeois et de marchands, établies selon l'importance des fortunes; ils habitent ensemble, mais sans jouir de priviléges politiques particuliers; la capitation, le service militaire, la nécessité d'emprunter le nom des nobles pour posséder des terres et des serfs, les tiennent dépendans. Il y a aussi dans les campagnes un certain nombre de paysans affranchis et libérés par leurs seigneurs ou par le service militaire accompli; car un soldat cesse d'être un serf; mais leur petit nombre dans chaque localité, leur dépendance des seigneurs, leur ignorance, empêchent chez eux le développement du bienfait de la liberté. Il y a enfin de certaines peuplades, libres et indépendantes autrefois, qui renferment, entre la noblesse et les serfs, quelques restes d'hommes libres. Tels sont les Cosaques Zaporoves, habitans des rives du Dnieper, de la petite Russie, de l'Ukraine et de la Podolie. Autrefois ces Cosaques étaient libres, élisaient leurs chefs, cultivaient en commun leurs terres. Pierre Iᵉʳ commença à les opprimer pour les punir d'avoir servi Charles XII. Ménagés par ses successeurs, tant que les Polonais et les Turcs furent à craindre, ce ne fut que sous Catherine II que le régime russe leur fut imposé, qu'on leur ôta le droit d'élire leurs chefs, qu'on leur donna des nobles, et qu'on créa parmi eux des serfs de la glèbe. Plus de vingt mille familles récalcitrantes furent enlevées alors de leur sol natal et dispersées dans les terres des favoris de l'impératrice, où presque toutes périrent. Mais malgré ces mesures rigoureuses, un assez grand nombre de ces Kosaques ont su défendre leur indépendance ; et cette lutte est un fait qui prouverait qu'en Russie les progrès se font encore plus vers la servitude que vers la liberté.

Les grands mobiles de l'empire russe sont la noblesse et l'armée. Les nobles, jadis les knez et les boïards, jouissaient de droits politiques considérables. Ils prenaient part aux affaires publiques en corps de seigneurs ; ils élisaient les czars, et formaient de petites républiques aristocratiques fort tumultueuses. Le despotisme des princes s'est établi peu à peu sur les ruines de

leur pouvoir. Pierre Ier surtout leur arracha leurs
priviléges politiques, et ne leur laissa que le droit
de possession des terres et des serfs ; mais il leur
ouvrit en même temps la carrière des emplois
de l'administration et de l'armée. Les grandes
familles priront place dans le sénat ; cette
assemblée reçoit à Pétersbourg et à Moscou
l'enregistrement des ukases, rend la justice, et
ne se mêle nullement du gouvernement. Dans
chaque province subdivisée en district, outre
les gouverneurs et capitaines de district nom-
més par l'empereur, un certain nombre d'emplois sont accordés à l'élection de la noblesse.
La noblesse dans chaque localité a son maréchal, ses juges et ses divers officiers.

Mais c'est encore plus comme maîtres de tous
les grades de l'armée que comme propriétaires
du sol et des emplois civils que les nobles exercent sur le gouvernement une action puissante.
L'armée, formée peu à peu par les czars pour asservir une noblesse séditieuse, est devenue le refuge de cette noblesse et le foyer de son activité
et de son ardeur. Les droits politiques ont été
remplacés par les grades militaires ; les rangs
et les fonctions civiles s'établissent par assimi-
lation à ces grades ; l'armée constitue donc, à
elle seule, le corps entier de la nation, et elle est

devenue le centre de l'opinion qui régit l'empire ; et, si des garanties politiques ont à naître dans ce pays, elles nous paraissent devoir nécessairement sortir des prétentions de l'armée et de la noblesse, qui y a pris poste.

C'est la noblesse encore qui possède en Russie toutes les connaissances et les lumières. De continuels voyages dans toutes les parties de l'Europe, une grande souplesse d'esprit, une curiosité active, de l'aptitude à tout apprendre, ont mis sous beaucoup de rapports, les nobles russes au niveau des classes éclairées des nations les plus civilisées. Les efforts qu'ils ont faits en 1812 et 1813 pour sauver la patrie, leur communication avec les autres peuples du continent dans un moment où ceux-ci s'agitaient pour établir la liberté sur des garanties constitutionnelles, et plusieurs autres causes encore, ont dû remuer l'esprit des nobles russes, et leur inspirer le secret désir d'élever des barrières légales contre le despotisme qui les régit.

On a pu sur ce point se faire une idée de l'état des choses par la vaste conspiration qui a éclaté à la mort de l'empereur Alexandre. D'après ce que le public a appris de ce complot, on sait que, tandis que l'empereur Alexandre employait sa politique et ses soldats à réprimer les vœux des

Allemands, des Français, des Italiens et des Espagnols pour la liberté constitutionnelle, des sociétés secrètes se formaient sourdement dans toute l'étendue de son propre empire, sous les noms divers de société du bien public, du livre vert, *des Slaves réunis*, d'association du midi, d'association du nord, toutes dans le but uniforme d'obtenir une réforme politique de l'état, une limitation du pouvoir absolu de l'empereur. Les combats qui ont été livrés à Pétersbourg, le sang qui a été répandu sur les marches du trône, attestent la puissance et la résolution des conspirateurs. La procédure même nous a appris qu'il y avait parmi eux les noms les plus considérables, et qu'un grand nombre de corps de l'armée y avaient participé. Bien que l'entreprise ait échoué, on peut toujours en induire que, tôt ou tard, la constitution autocratique de la Russie pourra être modifiée et que des garanties suffisantes seront accordées à la noblesse et à l'armée.

Mais nous devons y prendre garde, et ne pas nous laisser tromper par des apparences. Cet événement, s'il vient à se réaliser, ne changerait rien, selon nous, au génie et à la direction de la politique russe. Il ne contenterait que les passions de la noblesse et de l'armée, et ces pas-

sions poussent l'empire à la guerre et à la conquête, aussi bien que l'ambition personnelle
d'un autocrate. Il est facile de s'apercevoir, par
les pièces du procès et par les actes du nouvel
empereur, que le dernier mouvement était encore plus dirigé contre les dipositions pacifiques que contre l'autocratie d'Alexandre. La
guerre a été aussitôt déclarée à la Perse, et
sur le point de l'être à la Turquie. Le changement de règne, les troubles intérieurs qui ont
éclaté momentanément, peuvent ralentir, mais
non pas changer la vieille politique de l'empire;
elle veut seulement aujourd'hui procéder avec
ordre, embrasser moins d'étendue, opérer les
conquêtes l'une après l'autre, et commencer par
soumettre l'orient avant d'arriver à nous.

Les Russes, que ce soit l'autocratie ou l'aristocratie qui les gouverne, ne s'écarteront jamais
de leur politique nationale. Pierre Ier la leur a
tracée; il leur a conseillé, il y a cent ans, « de
» ne rien négliger pour donner à la nation
» des formes et des usages à l'européenne; de
» maintenir l'état dans un système de guerre
» continuelle, afin de nourrir le courage des
» soldats et de tenir la nation en haleine; d'éten-
» dre par tous les moyens possibles la domina-
» tion russe vers la Baltique et la mer Noire;

» d'entretenir la jalousie de l'Angleterre, du Da-
» nemarck et du Brandebourg contre la Suède,
» afin d'usurper sur ce pays et de finir par le
» subjuguer; d'intéresser l'Autriche à chasser
» les Turcs d'Europe afin d'arriver à Constanti-
» nople; d'alimenter l'anarchie de Pologne,
» d'influencer ses diètes et surtout l'élection de
» ses rois, de morceler ce pays à chaque occa-
» sion, et de parvenir à le soumettre; de con-
» tracter avec l'Angleterre une étroite alliance,
» de favoriser même jusqu'au monopole son
» commerce dans l'intérieur du pays, afin de
» tirer de ces relations le perfectionnement de
» la marine russe, et d'atteindre à la domina-
» tion suprême de la Baltique; d'être bien pé-
» nétrés de cette vérité, que le commerce des
» Indes est le commerce du monde, et que ce-
» lui qui peut en disposer exclusivement est le
» vrai souverain de l'Europe; de susciter en con-
» séquence de nombreuses guerres à la Perse,
» et d'arriver au golfe Persique pour rétablir
» l'ancien commerce du Levant; de se mêler à
» tout prix, soit de force, soit par ruse, des
» querelles de l'Europe et surtout de l'Allema-
» gne; de ménager constamment l'alliance de
» l'Autriche, de l'engager dans des guerres rui-
» neuses, de l'affaiblir par degrés, de la secourir

» quelquefois, mais de ne pas cesser de lui faire
» des ennemis secrets en Europe et surtout en
» Allemagne, afin de lui enlever successive-
» ment ses provinces, de cerner la Hongrie, et
» de finir par faire de ce royaume une dépen-
» dance de l'Empire (1); de multiplier par des
» mariages les alliances avec les princes d'Alle-
» magne, et d'en tirer un grand moyen d'in-
» fluence; de se servir de l'ascendant de la re-
» ligion sur les Grecs désunis ou schismatiques
» répandus en Hongrie, en Turquie et en Po-
» logne pour s'en faire les protecteurs, exercer
» sur eux une suprématie sacerdotale favorable
» aux projets politiques (2). »

---

(1) Les Russes entretiennent des relations fréquentes
avec deux millions de Slaves schismatiques qui habitent
la Hongrie, et qui considèrent l'autocrate de Russie
comme leur chef spirituel; ils envoient aux églises de
Hongrie des cadeaux annuels en ornemens d'église, vête-
mens de prêtres et tableaux. — Le feld-maréchal-lieutenant
Schimpsen, Hongrois, fut arrêté en 1812, et condamné à
douze ans de prison, pour avoir entretenu avec le général
russe Beningsen une correspondance où il ne s'agissait de rien moins que de faire soulever la Hongrie en
faveur de la Russie.

(2) Progrès de la puissance russe de L... 1812, p. 176;

Ce qui a été accompli de ce vaste plan depuis moins d'un siècle nous montre ce qui pourra encore s'accomplir. Les vues ambitieuses des Russes sont si étendues, leur esprit de conquête est tellement prononcé que huit cent mille hommes sous les armes ne leur paraissent pas une force suffisante pour accomplir la destinée à laquelle ils aspirent. La facilité inépuisable de lever des recrues sur cette masse passive de serfs n'a pas été un moyen assez complet pour faire face à leurs nécessités. Ils ont changé depuis quatre ans une partie des domaines de la couronne en colonies militaires : là, par bataillon, par escadron, par régiment, par brigade et par division, les vieux soldats, mêlés aux paysans sous le prétexte d'accroître le travail agricole, soulagent le trésor impérial d'une partie de leur entretien, et transforment les paysans en soldats. On s'empare des paysans dès leur enfance ; on les soustrait à l'autorité paternelle et civile ; on les accoutume aux ordres des chefs militaires ; on les plie à la discipline et aux manœuvres ; de telle sorte que, dans peu d'années, un ou deux millions de soldats peuvent tout à coup sortir du

---

et Tableau de l'empire Ottoman de William Eton, t. II, p. 165 et 166.

cadre de la vie civile, paraître sur les frontières de l'empire des Slaves, et mettre la dernière main aux conquêtes que la politique prépare (1). L'empereur Nicolas, loin de dissoudre les colonies militaires, vient de confirmer, par un ukase du 10 novembre (2), l'organisation qui leur a été donnée par son prédécesseur dans les

---

(1) Robert Lyal, *des Colonies militaires.* — Il croit dans sa brochure à un million de soldats sous les armes ; depuis il a envoyé au Courrier anglais l'état suivant des armées russes à l'époque de la mort d'Alexandre.

	hommes.
Avant-garde en Pologne et Lithuanie, commandée par Constantin.	80,000
Armée de droite en Courlande et Livonie.	80,000
Armée de gauche, entre le Pruth et le Dnieper.	80,000
Armée du centre.	240,000
	480,000
Corps de Finlande, d'Orembourg et de Sibérie. 45,000	
Corps du Caucase. 85,000	267,000
Colonies militaires. 67,000	
Différentes garnisons. 70,000	
Total général.	747,000

(2) Journal des Débats du 21 et du 29 décembre 1826.

cantons principaux de Cherson, Ekatherinoslaw, Czarkow, Mohilòw et Novogorod, et de leur donner pour général en chef le prince Shakowski, qui réside dans cette dernière ville.

Ainsi, tandis que la plupart des états de l'Europe oublient le sentiment de leur propre défense, que les gouvernemens se laissent plus ou moins maîtriser par l'influence étrangère, que le patriotisme des peuples s'éteint chaque jour davantage, que partout les armées perdent de leur force et de leur expérience ; la Russie et ses deux associées restent en armes, et la Russie surtout augmente et exerce ses armées d'une manière alarmante pour l'Europe et pour ses voisins. Ce n'est certes pas pour son unique défense qu'elle entretient un état militaire si extraordinaire, et ce n'est plus elle maintenant qui peut craindre d'être attaquée ! Nous n'aimons pas les craintes prématurées ; mais il nous semble qu'il n'y a pas d'exagération à pressentir, qu'entre des mains si redoutables, et sous l'impulsion d'une ambition si démesurée, le droit de garantie et d'intervention ne devienne une arme funeste, au moyen de laquelle le continent se trouvera peu à peu subjugué. La Pologne a succombé ; c'est maintenant à la Turquie qu'on s'attaque ; le tour de l'Allemagne peut aussi venir : où donc ces empiétemens devront-ils enfin s'arrêter (1)?

---

(1) Ces considérations étaient écrites quand le sixième volume de la Géographie universelle de M. Maltebrun a paru. « Qui peut prévoir, dit ce savant et judicieux »auteur, si les convulsions de cet empire ne seraient pas »plus funestes que son repos? Si ce n'est pas à travers de »nouveaux agrandissemens qu'il atteindra le terme fatal »des grandeurs humaines? Le dirai-je? Il ne s'écroulera »peut-être que sur les ruines de l'Europe!... » (p. 659). »Le partage de la Pologne fut un coup de maître pour »Catherine II; ce ne fut pas seulement des provinces »qu'elle acquérait; dès que le code du droit des gens fut »déchiré, les grandes puissances pouvaient impunément »afficher le système d'envahissement fondé sur les sim- »ples convenances...... C'est tout que de s'être intro- »duite dans les conseils de l'Europe; d'y avoir établi ce »dédain de l'ancien droit public et la doctrine des conve- »nances géographiques...(p. 669). —Le territoire de l'em- »pire russe pouvait nourrir 150 millions d'habitans....; »rien ne semble pouvoir désormais résister à un empire »qui embrasse la vingt-huitième partie de la surface ter- »restre, la neuvième partie du continent, et qui compte »pour ses sujets la quinzième partie du genre humain. » (p. 670.)

Nous pouvons encore citer l'opinion de M. de Pradt, extraite de son ouvrage sur le congrès de Vienne. « De- »puis l'occupation de la Finlande, la Russie ne touche »plus à la Suède que par les glaces au pôle : la voilà dé-

»barrassée d'un fâcheux voisinage. Le quiétisme des Turcs
»la rassure du côté de Constantinople; c'est à eux de
»craindre, et non pas aux Russes. La Russie borde la
»Prusse orientale, et la dépasse sur toute la ligne du
»royaume de Prusse; Kœnigsberg est plus en Russie
»qu'en Prusse. Elle tient aux frontières de l'Autriche, et
»en franchissant la Vistule elle est établie en face de l'Eu-
»rope; fut-il jamais rien de plus menaçant? La supréma-
»tie française, contre laquelle on a tant crié, était loin
»d'offrir les mêmes dangers. »

CHAPITRE V.

Comment la Russie, la Prusse et l'Autriche ont procédé au partage et au démembrement de la Pologne.

Nous allons appeler l'histoire à l'appui de nos assertions : il y a, nous le savons, une grande différence entre l'occident de l'Europe et la Pologne ; la France et l'Allemagne renferment des élémens de force, de résistance et de salut qui n'ont besoin que d'être mieux connus et mieux dirigés pour repousser l'ignominie des partages ; mais les mêmes moyens étant mis en usage à notre égard, les leçons du passé nous deviennent necessaires pour mieux éclairer notre situation présente. Les malheurs de la Pologne nous montreront l'usage que la Russie, la Prusse et l'Autriche ont fait et peuvent encore faire du droit de garantie et d'intervention : voir le mal sera pour nous trouver

le remède. Nous allons reprendre les choses
dès leur origine pour établir, par les faits, la
manière dont les empiétemens commencent,
augmentent, et finissent partout envahir; et nous
ne négligerons aucun des détails qui peuvent
éclaircir la position actuelle de quelques états,
et suggérer des comparaisons utiles. Ce fut un
roi qui donna aux Polonais des avertissemens
précoces !

Plus d'un siècle avant le premier partage, à
la diète de 1661, le roi Jean-Casimir fit cette
prédiction bien remarquable : « Au milieu de nos
» discordes intestines, nous avons à craindre,
» dit-il, l'invasion et le démembrement de la
» république. Le Moscovite, Dieu veuille que je
» sois un faux-prophète! envahira les peuples
» qui parlent sa langue, et le grand duché de Li-
» thuanie; la maison de Brandebourg aura en
» partage la Prusse et la grande Pologne; l'Au-
» triche enfin, qui ne s'oubliera pas dans ce dé-
» chirement général, s'emparera de Cracovie et
» des pays circonvoisins. »

La Moscovie nourrissait contre la Pologne une
vieille haine : les Polonais l'avaient humiliée,
lui avaient arraché plusieurs provinces et avaient
tenu un instant garnison dans Moscou. Sa politique à l'égard de la Pologne naquit donc tout

à la fois du désir de se venger et de l'ambition de s'agrandir. Nous avons vu en quels termes Pierre Ier en légua les maximes à ses successeurs. Après la mort du grand Sobieski, ce czar parvint par ses intrigues et ses menaces, à faire repousser l'élection du prince de Conti, et à mettre la couronne sur la tête d'Auguste II, électeur de Saxe. Il soutint plus tard son protégé contre Stanislas Leckzinski, que Charles XII victorieux avait substitué à l'électeur; et ce fut à l'aide de ces guerres civiles que les armées et les intrigues des Russes commencèrent à pénétrer dans le pays.

On en vit bientôt les funestes conséquences. A la mort d'Auguste II, le vœu général du champ d'élection rappela Stanislas Leckzinski sur le trône; mais deux évêques et quelques nobles, séduits par la Russie, protestèrent contre ce vœu, et appelèrent les secours de la czarine Anne. Une armée russe vint en Pologne faire élire Auguste III. Leckzinski ne put soutenir la lutte. Quinze cents Français vinrent le secourir dans Dantzig, où cette troupe resta prisonnière ; ce fut en 1733 la première rencontre des Russes et des Français.

Auguste III fut couronné à Varsovie en présence du maréchal de Munich et des troupes russes. Pour reconnaître ce service, il consentit à démembrer quelques districts de la Courlande, et à ne donner l'investiture de ce duché qu'à une créature de la Russie.

Cependant quelques esprits s'étaient éclairés par ce commencement d'oppression. On attribua la servitude aux vices des institutions. On sentit le besoin d'une réforme, la nécessité de se donner des rois héréditaires, d'abolir le funeste privilége du *liberum veto* et des confédérations ; mais Catherine II épiait tous ces mouvemens, en prévit les conséquences, et prit les mesures les plus perfides pour empêcher sa proie de lui échapper. Le roi de Prusse Frédéric II, qui avait alors besoin de la Russie contre l'Autriche, entra facilement dans sa confidence et dans ses vues. Ils reconnurent, d'un commun accord, que le moyen le plus sûr d'asservir et de subjuguer la Pologne était d'empêcher les Polonais de corriger les vices de leurs lois et de leur gouvernement; et voici quel fut, dans leur traité d'alliance offensive et défensive de 1764, l'article secret mémorable que les deux potentats signèrent. Cet article, à peine indiqué par Rulhières, n'est pas assez connu du public; c'est le langage naissant de la politique de convenance et le premier exemple du droit que la sainte alliance s'est arrogé d'inter-

6

venir dans les affaires intérieures des nations, et de garantir des formes de gouvernement que certains peuples réprouvent.

« Comme il est de l'intérêt de sa majesté le » roi de Prusse et de sa majesté l'impératrice de » Russie, dit l'article, de faire tous leurs efforts » pour que la république de Pologne soit main- » tenue dans son droit de libre élection, et qu'il » ne soit permis à personne de rendre ce » royaume héréditaire dans sa famille, ou de s'y » rendre absolu, sa majesté le roi de Prusse et » sa majesté impériale ont promis et se sont en- » gagées mutuellement et de la manière la plus » forte, par cet article secret, non-seulement de » ne point permettre que qui que ce soit entre- » prenne de priver la république de Pologne de » son droit libre d'élection, de rendre le royaume » héréditaire, ou de s'y rendre absolu, mais » encore à prévoir et anéantir, par tous les » moyens possibles et d'un commun accord, les » vues et les desseins qui pourraient tendre à ce » but aussitôt qu'on les aura découverts, et à » avoir même, en cas de besoin, recours à la » force des armes pour *garantir la république du* » *renversement de sa constitution et de ses lois fon-* » *damentales* (1). » Ainsi ces deux souverains,

_____

(1) Martens, t. I, p. 94.

parés de tous les honneurs philosophiques du
siècle, signèrent dans l'ombre l'acte le plus at-
tentatoire aux droits des rois et des nations, et
préparèrent froidement la dissolution de la Pologne. « Nous ne voulons point votre démem-
» brement, disaient-ils en même temps aux
» Polonais dans leurs actes publics; nous vou-
» lons la conservation de vos libertés et de votre
» bonheur. »

Catherine et Frédéric convinrent, comme une
suite de l'accord secret, de ne laisser monter sur
le trône, à la place d'Auguste III qui venait de
mourir, qu'un gentilhomme polonais. On signi-
fia au nouvel électeur de Saxe que, s'il voulait
éviter la guerre ou un affront, il devait s'abstenir
de la candidature. L'Autriche et la France négli-
gèrent de lui prêter leur appui. Dix mille Russes,
violant cette constitution que l'article secret pro-
mettait de garantir, vinrent à Varsovie le sabre
nu dicter l'élection de Poniatowski, ancien
amant de Catherine. Les troupes prussiennes
firent en même temps des démonstrations hos-
tiles, « afin de convaincre ces républicains,
» disait ironiquement Frédéric, que ceux qui
» voudraient s'ingérer dans cette élection contre
» le vœu de la Russie et de la Prusse trouve-
» raient à qui parler. »

Depuis cette époque la servitude du royaume fut complète. Ses ennemis, maîtres de son territoire, de son roi, de ses lois, tournèrent ces lois elles-mêmes contre la république. Le roi Poniatowski voulut de lui-même, entraîné par quelques sentimens de patriotisme, corriger l'ancienne constitution, et abolir le *liberum veto*. Catherine le menaça d'user contre lui du droit qu'elle s'était arrogé de garantir la constitution ancienne, et au moyen de cette arme terrible, elle sépara le roi de la nation, et tint l'un et l'autre en échec. Elle soutint, pour augmenter le nombre de ses créatures, les droits des religionnaires dissidens, grecs, protestans ou schismatiques. Elle fit traîner en exil dans la Sibérie deux évêques et un sénateur palatin qui voulurent s'opposer à ses vues, et elle eut l'art de se faire passer en Europe comme la protectrice de la liberté des cultes et de la tolérance religieuse.

L'ambassadeur russe à Varsovie devint le véritable souverain du pays. Le roi et la constitution ne furent plus que les instrumens de sa politique et de sa tyrannie. L'autorité, exercée dans l'état par l'étranger, renversa tous les principes. On appela bons citoyens ceux qui livraient ou vendaient leur patrie à la Russie et à la Prusse, mauvais citoyens ceux qui s'efforçaient

de délivrer le royaume des étrangers et des lois
vicieuses. Les premiers, qualifiés de sujets
fidèles, furent comblés de biens et d'honneurs ;
les autres, poursuivis comme des conspirateurs
et des rebelles, subirent l'exil, la confiscation et
la mort. La justice, devenue l'esclave d'une influence ennemie, consista, non à maintenir,
mais à détruire la république ; et le gouvernement, vicié par l'intrigue et la corruption, n'eut
plus d'autre but que de s'opposer aux vœux les
plus justes, et de faire avorter les desseins les
plus légitimes et les plus généreux.

On laissa assez de force à la Pologne pour se
soulever contre l'oppression, afin de trouver de
nouveaux prétextes d'augmenter sa servitude. Ne
pouvant plus compter sur l'appui d'un pouvoir
légal, sur l'autorité aliénée de leur roi, les Polonais eurent recours à l'insurrection et aux armes.
L'occasion était belle : la France, gouvernée
alors par le duc de Choiseul, avait senti la nécessité de mettre un frein à l'ambition des Russes,
et leur avait fait déclarer la guerre par les Turcs.
Ce fut sous ces heureux auspices que des gentilshommes polonais, sous la conduite de Pulawski,
formèrent une confédération dans une petite
ville de Podolie appelée Barr, « et protestèrent
» les armes à la main contre la tyrannie que

» l'impératrice de Russie s'était arrogée sur leur
» constitution, comme dépouillant la Pologne
» du droit de législation et de souveraineté. »
La confédération de Barr, favorisé par la retraite
des troupes russes, soutenue par les Turcs et par
les Tartares, encouragée par quelques subsides
et quelques officiers envoyés par la France (Du-
mouriez et Vioménil y firent leurs premières
armes), eut des chances de succès et de revers. Mais que peuvent de simples citoyens quand
le pouvoir légal est tourné contre eux, et que
leur propre roi les traite de rebelles? Les confédérés luttèrent pendant quatre ans contre des
difficultés et des périls de tous genres. Catherine
eut l'habilité de les faire passer pour des fous et
des brigands, et les salons de Paris applaudi-
rent aveuglément à ses succès sur les Turcs et
sur les Polonais (1).

. La Pologne fut pendant quatre ans ravagée
par la guerre, la famine et la peste : la France
l'oublia. Joseph II, qui avait promis de soutenir
les Turcs, épia l'occasion de s'agrandir à leurs
dépens. Les Turcs furent battus et firent la paix.

---

(1) Correspondance de Voltaire avec Frédéric et Catherine.

Les armées russes victorieuses rentrèrent en Pologne. La confédération de Barr fut exterminée,
et le roi et la nation attendirent avec anxiété
l'arrêt qu'il leur faudrait subir; car les Russes,
dans leur vengeance, se plaisaient à confondre
leurs amis avec leurs antagonistes. Après s'être
servis du roi pour opprimer la nation, ils mirent
à profit les dissensions de la nation pour opprimer la royauté, et ils s'apprêtèrent enfin à exécuter le partage du royaume.

Cette idée de partage ne convenait point à la
Russie, qui aurait voulu s'emparer de tout, et qui
ne pouvait voir qu'à regret s'échapper de ses
mains des parties d'un pays où elle dominait seule.
Ce fut une conception de Frédéric, qui avait
besoin d'arrondir ses états, de se débarrasser
d'un ancien seigneur suzerain, et de ne pas attendre que la Russie fût en mesure de con-
sommer ce démembrement par elle-même ;
il fut l'entremetteur de cette grande affaire. Il
en parla à Joseph II, à Neiss, en 1769, et à
Neustadt, en 1770 : il fallait bien gagner l'Autriche pour ôter aux Polonais leur dernier appui. Le prince Henri, frère de Frédéric, alla
en Russie en 1771, et en fit à Catherine la première proposition formelle : elle fut goûtée.
Frédéric se chargea de faire entendre raison à

Joseph II et à Marie-Thérèse. «Vous verrez,
» écrivait-il à Voltaire, un dénouement auquel
» personne ne s'attend (1). » En France, l'o-
pinion était égarée, et la cour endormie dans
les plaisirs. Le duc d'Aiguillon, qui tenait alors
les reines de l'état, déclara nonchalamment à
M. de Sandoz, ministre de Prusse, « que le ca-
» binet de Versailles verrait avec indifférence
» tout ce qui se passerait en Pologne (2). » Il ne
restait à Frédéric qu'à surmonter quelques scru-
pules de Marie-Thérèse. « Ce partage inouï ré-
» pugnait à ses principes, disait-elle à M. de Bre-
» teuil, et, pour le faire échouer, elle affectait
» de demander une part exagérée. » Mais on la
prit au mot; on lui montra une guerre inévitable, le sang qui allait couler à grands flots si
elle ne consentait pas au vœu des deux autres
cours, et ce ne fut que pour conserver la paix et
par des motifs de religion et d'humanité qu'elle
se résigna à recevoir la meilleure des trois parts.

Catherine, Frédéric, Joseph et Marie-Thérèse,
les trois souverains philosophes et la reine la plus

(1) Page 278. Correspondance avec le roi de Prusse.
(2) Flassan, t. VII, p. 87.

religieuse de ce temps, signèrent et échangèrent
l'accord secret suivant, en février et mars 1772.

« A l'effet de conserver leurs rapports de bonne
» amitié, dit cet acte, ces souverains se donnent
» foi et parole, que, quelles que pussent être l'é-
» tendue et les bornes de leurs prétentions res-
» pectives sur la Pologne, les acquisitions qui
» pourront en résulter devront être parfaitement
» égales ; que la portion de l'un ne pourra excé-
» der la portion de l'autre, et que, bien loin de
» mettre obstacle aux mesures que chacun d'eux
» jugerait devoir prendre pour réaliser ses pré-
» tentions, ils s'entr'aideront mutuellement de
» bonne foi pour s'en faciliter le succès. » On s'en-
tendit ensuite sur l'étendue de chaque part, sur
les moyens d'exécuter la prise de possession, et
on signa le 5 août une triple convention dont
le préambule justifie ainsi le partage :

« Au nom de la très-sainte Trinité. — L'es-
» prit de faction, les troubles et la guerre intes-
» tine dont est agité depuis tant d'années le
» royaume de Pologne, et l'anarchie qui chaque
» jour y acquiert de nouvelles forces au point
» d'y anéantir toute autorité d'un gouvernement
» régulier, donnant de justes appréhensions de
» voir arriver la décomposition totale de l'état,
» troubler les rapports et les intérêts de tous ses

» voisins, altérer la bonne harmonie qui existe
» entre eux, et allumer une guerre générale,
» comme déjà effectivement de ces seuls trou-
» bles est survenue la guerre que sa majesté impé-
» riale de toutes les Russies soutient contre la
» Porte ottomane; et en même temps les puis-
» sances voisines de la Pologne, ayant à sa charge
» des prétentions et des droits aussi anciens que
» légitimes, dont elles n'ont jamais pu avoir rai-
» son et qu'elles risquent de perdre sans retour
» si elles ne prennent les moyens de les mettre
» à couvert et de les faire valoir elles-mêmes, en
» avisant tout à la fois au rétablissement de la
» tranquillité et du bon ordre de ce royaume, et
» en lui assignant une existence politique plus
» conforme aux intérêts de leur voisinage..... »

On désigne ensuite les parts selon les convenances de chaque puissance; on fixe le jour où les
forces respectives se saisiront des provinces; on
se promet le secret, on se garantit réciproquement
la possession des dépouilles, et l'on convient des
mesures à prendre pour forcer le roi et la république à sanctionner cette spoliation (1).

Les Polonais apprirent dans les premiers jours
de septembre 1772 qu'un tiers de leur territoire

(1) Koch, p. 43, t. XIV.

et de leur population allait passer sous d'autres lois; ils virent tout à coup les troupes russes, autrichiennes et prussiennes s'emparer des contrées qui devaient être séparées du royaume, et ils furent obligés d'écouter avec résignation les motifs singuliers que chacune des puissances crut devoir donner à son usurpation.

Le roi de Prusse remonta au treizième siècle pour y retrouver des droits sur la Pomérélie dans certains titres obscurs de succession de la maison de Brandebourg; et quant aux autres provinces, « il se les appropriait, disait-il, en dé- » dommagement de la privation du revenu de la » Pomérélie pendant cinq siècles. »

L'Autriche rappela que dans le onzième siècle les Hongrois avaient conquis la Russie rouge et le pays de Hallicz, que la principauté de Hallicz avait été une dépendance du royaume de Hongrie jusqu'en 1352, époque à laquelle les Polonais la reprirent; qu'en conséquence, en prenant possession de Hallicz et de quelques pays circonvoisins (la Russie rouge, le Palatinat de Belz, etc., etc.) elle rentrait simplement en possession de ses droits.

La Russie s'exprima avec encore plus d'astuce et de dérision. Son ambassadeur Stakelberg annonça au roi et à la république de Pologne,

« 1° que depuis long-temps les puissances voi-
» sines de la Pologne avaient été agitées par les
» troubles des interrègnes, et que notamment la
» Russie avait vainement travaillé *à la réunion*
» *des esprits et à la réforme de la constitution;*
» 2° que la discorde avait armé les citoyens les
» uns contre les autres, établi les factions à la
» place de l'autorité légitime, et détruit les lois,
» le bon ordre, la justice et la prospérité du
» pays; 3° que les trois puissances, voulant évi-
» ter des dépenses de précautions onéreuses et
» prévenir tout sujet de querelle entre elles, ont
» pris le parti décisif de travailler d'un commun
» accord à ramener la tranquillité et à établir,
» sur un fondement solide, *l'ancienne constitu-*
» *tion de l'état et la liberté de la nation;* 4° que
» ne pouvant pas être certaines, malgré leur
» bonne intelligence, de sauver le royaume de
» la décomposition arbitraire qui le menace,
» elles doivent au préalable s'assurer des pro-
» vinces sur lesquelles elles ont d'anciens droits
» et des prétentions légitimes; 5° qu'en consé-
» quence les trois puissances, après s'être com-
» muniqué réciproquement leurs droits et pré-
» tentions, prennent dès à présent possession de
» ces provinces, les plus propres à établir doré-
» navant entre elles des limites plus naturelles

» et plus sûres, en se réservant d'en donner plus
» tard un état, au moyen duquel la Pologne
» sera libérée de toutes demandes, répétitions
» et dommages et intérêts ; 6° qu'enfin les trois
» souverains invitent la nation polonaise à s'as-
» sembler en diète pour travailler de concert
» avec eux au rétablissement de l'ordre, et pour
» continuer, par des actes formels, l'échange
» des titres et des prétentions de chacun contre
» l'équivalent dont ils viennent de prendre pos-
» session (1). »

Mais qu'importe le mensonge des paroles et
l'iniquité des actions quand on les soutient par la
force et qu'on agit contre la faiblesse? Les Polonais
subirent la loi des faibles et des vaincus. Ce fut en
vain que leur roi, ranimé lui-même par la violence
de l'affront, chercha à intéresser à son sort les
autres états de l'Europe, et protesta auprès de
toutes les cours « contre des principes qui infir-
» maient, disait-il, la sûreté de toutes les sou-
» verainetés du monde et ébranlait la base de
» tous les trônes (2). » Une royauté avilie, une
nation divisée n'inspirèrent d'intérêt à personne,

(1) Martens, t. I, p. 461, 462, 466, 470.
(2) Frédéric, OEuvres posthumes, t. V, p. 102; Martens, t. IV, p. 125 et 145; t. I, p. 470.

et restèrent impuissantes pour défendre l'indépendance du trône et du pays. L'Angleterre n'insista, comme de coutume, que pour l'intérêt de son commerce, et obtint que Dantzig resterait aux Polonais. En France l'opinion publique félicita imprudemment Catherine d'avoir enfin détruit l'anarchie de Pologne *en rendant à chacun ce qui lui appartenait, et en commençant par elle-même* (1). Nous voyons de nos jours combien il est facile à des souverains puissans de donner à leurs actes l'apparence du droit, et de faire prendre le change aux meilleurs esprits. Un illustre successeur de Catherine ne s'est-il pas donné l'attitude de défenseur des libertés des peuples et de conservateur de la paix en concourant en même temps à l'oppression intérieure de tous les états de l'Europe? . .. . .

Le roi Poniatowski se vit donc forcé de convoquer la diète (en février 1772). Chacune des trois puissances envoya un général et dix mille hommes à Varsovie, pour veiller au bon ordre des délibérations. L'instruction commune aux généraux portait l'injonction « d'agir de concert » et de sévir contre les seigneurs qui voudraient

---

(1) Correspondance de Voltaire avec Catherine.

» cabaler ou mettre obstacle aux nouveautés
» qu'on voulait introduire. » On obligea la diète
et le roi de confirmer, par des actes de cession,
la spoliation de la patrie; on leur fit souscrire de
nouveaux traités d'alliance; on leur imposa, et
on se rendit garant des constitutions nouvelles. Les
Polonais ne purent avoir que trente mille hommes sous les armes; la couronne fut déclarée élective à perpétuité; les fils et petit-fils du dernier roi
furent exclus de l'élection; on ne put à l'avenir
élire roi qu'un gentilhomme polonais posses-
sionné dans les états de la république; dans
l'intervalle des diètes, l'exécution des lois fut
confiée, non plus au roi, dont on n'était plus
assez sûr, mais à un conseil permanent composé
du roi et d'un certain nombre de sénateurs, et
de membres de l'ordre équestre, créatures de la
Russie; aucun changement enfin ne put être
introduit dans ces lois que du consentement
formel des trois puissances. Ainsi, après avoir
imputé aux vices de la constitution les troubles
qui servaient de prétexte au démembrement,
on s'appliqua à maintenir et à augmenter ces
mêmes vices pour arriver plus tard à de nouveaux
partages, et empêcher les chances de salut et de
régénération de se réaliser. C'est une leçon mémorable pour les rois qui appellent à leur se-

cours les armes étrangères et pour les peuples
qui vivent en dissension.

. . Les gouvernemens ne sauraient trop tôt se
tenir en éveil sur leurs rapports avec les étrangers , et mettre trop de soin à réformer les ha-
bitudes , les lois et les relations qui tendent à
favoriser l'intervention des états voisins dans leurs
propres affaires. A leur naissance , ces abus sont
faciles à détruire ; il ne s'agit que de ranimer et
d'honorer le patriotisme , de punir sévèrement
les citoyens qui se prêtent aux intrigues de l'é-
tranger , de changer sans éclat quelques parties
de la législation , de renvoyer quelques mauvais
ministres, de repousser sur-le-champ avec dignité et courage les moindres empiétemens. Les
Polonais auraient pu devenir une nation forte
et indépendante si, à l'époque où la Russie, la
Prusse et l'Autriche n'étaient pas encore en
mesure de leur nuire, écoutant les avertissemens
d'un roi sage, ils avaient réformé leur constitution et leurs mœurs. Alors leur roi était indé-
pendant, leur capitale n'avait pas été envahie ,
leur territoire n'avait pas été violé , les citoyens
n'avaient pas formé une foule de liaisons coupables ; ils pouvaient opposer à leurs ennemis
des forces égales ; ils n'avaient à délibérer qu'a-
vec eux-mêmes , et ne dépendaient que de la sa-

gesse de leur détermination. Mais quand un
siècle après, éclairés par l'affreuse expérience
du premier partage, ils voulurent tenter une
régénération complète, ce fut trop tard ; la corruption et la servitude avaient fait trop de progrès, les forces de leurs ennemis étaient trop
grandes, les embûches qu'on leur avait tendues
trop bien préparées pour que, malgré leurs hé-
roïques efforts, ils pussent voir leur entreprise
couronnée du succès.

Ils virent s'écouler de longues et pénibles années, en méditant les moyens et en attendant
les occasions de s'affranchir d'un joug odieux.
Leur royaume comptait encore six à sept millions d'habitans, et embrassait un territoire immense. La tyrannie des Russes était devenue in-
supportable. Elle était poussée à ce point que les
membres du conseil de gouvernement, créé
pour annuler l'autorité royale, ne pouvaient
s'absenter de Varsovie sans une permission de
l'ambassadeur russe. Le roi lui-même, tout fa-
çonné qu'il était au joug, se montra disposé à
prendre part aux projets cachés de soulèvement
et de réforme. En 1787 la guerre qui éclata de
nouveau entre la Russie et la Porte vint en favoriser l'exécution.

Un laps de quinze années avait apporté ces

changemens dans la politique des cabinets. La
Prusse et l'Angleterre voulaient arrêter les conquêtes des Russes et soutenir les Turcs. Le roi de
Prusse proposa aux Polonais de modifier les anciens traités par une alliance nouvelle. Il signa
avec eux un traité par lequel un secours mutuel
était stipulé en cas d'attaque, et la Prusse s'en-
gageait à considérer comme une attaque l'*inter-
mission* d'une puissance étrangère dans les affaires
intérieures de Pologne, même en vertu d'actes et
de stipulations précédentes: c'était rompre ouvertement avec la Russie, elle avait également promis
aux Turcs de réclamer de l'Autriche la restitu-
tion de la Gallicie. Les Polonais profitèrent de
ces heureuses circonstances et de la division de
leurs ennemis. Ils renouèrent des relations diplomatiques avec le divan et les principales cours
de l'Europe; ils se hâtèrent de réorganiser le
gouvernement; ils supprimèrent le conseil permanent, et décrétèrent une armée de cent mille
hommes.

Les armées russes avaient été obligées de
marcher vers les frontières de Turquie où la
guerre était fort animée. Les Polonais eurent
trois ans de répit. Ils se donnèrent, le 3 mai
1791, de concert avec leur roi, une constitution
nouvelle, rendirent la couronne héréditaire dans

la maison de Saxe après la mort du roi régnant, abolirent les confédérations et le *liberum veto*, mirent le gouvernement entre les mains du roi et de ministres responsables, et la législation entre les mains du roi, d'un sénat et. d'une chambre des nonces. Le roi jura en pleine diète d'observer rigoureusement le nouveau pacte. La Pologne eût été sauvée, si elle avait eu pour souverain un Jean Sobieski, un général capable d'organiser la guerre sur le flanc des Russes ; si elle n'avait pas renfermé dans son sein des fermens de haine et de mésintelligence que rien ne pouvait apaiser. Stanislas-Auguste considéra sa haute mission avec effroi, et agit avec timidité. Des magnats, traîtres envers la patrie, protestèrent contre la constitution nouvelle, et allèrent en Ukraine, en Podolie et en Wolhynie, dans le voisinage des armées russes, former, sous leur protection, contre l'état, une confédération rebelle. On appela leur rébellion *la bonne cause*, et lorsqu'en janvier 1792, Catherine eut fait la paix avec les Turcs, elle vint donner à la révolte des magnats transfuges l'appui de ses armées victorieuses. Sous le prétexte de défendre le *bon parti opprimé*, elle s'avança en Pologne pour rétablir la constitution qu'elle avait garantie, et *les libertés* et les *prérogatives* de la république qu'on avait violées. Les efforts des Polonais furent trop faibles et trop désunis pour arrêter une pareille invasion. Le roi prit peur : il ordonna lui-même le désarmement de ses troupes pour fléchir l'impératrice ; il demanda un armistice, et passa avec ses ministres du côté de la confédération et des Russes ; tout fut alors perdu pour le parti patriote.

Le roi de Prusse, sur qui les Polonais avaient compté, refusa de les secourir, changea de politique avec les circonstances, déchira son traité, et répondit à leurs instances en s'emparant soudain de Dantzig et de Thorn, sous le prétexte que les habitans de ces villes entretenaient des correspondances dangereuses avec les jacobins de France. Ce crime de jacobinisme fut également mis en avant par la Russie contre les auteurs et les partisans de la constitution de 1791. Un second partage fut convenu entre les deux cours, le 25 mars 1793, et exécuté avec moins de formalités que le premier. La Prusse prit toute la grande Pologne ; la Russie tira sur la carte une ligne droite du nord au sud, de Braslaw sur la Dwina, à Tarnopol, près du Dnyester, et s'appropria, sans autre explication, la moitié de la superficie du royaume. Une diète assemblée à Grodno fut forcée de sanctionner ce second démembrement. Les nonces qui eurent le courage de s'y opposer furent saisis et plongés dans les cachots. On obligea le roi et la république d'accepter un dernier traité d'alliance, ou plutôt d'abdiquer complètement leurs droits de souveraineté (16 octobre 1793). Il y était dit « que le plus grand » poids des charges de l'alliance devant être sup- » porté par l'empire de Russie, il était aussi juste » que salutaire de laisser au souverain de cet em- » pire et à ses successeurs, un haut degré d'in- » fluence dans les mesures politiques et militaires » de la Pologne ; et la république s'obligea en » conséquence, à ne contracter aucune liaison, à » ne faire aucun acte, à ne s'engager dans aucune » démarche avec les puissances étrangères, sans » s'être entendue au préalable avec la Russie ; à » permettre aux troupes russes de séjourner sur » son territoire à la volonté de cette puissance ; » et à ne faire sans son agrément aucun chan- » gement *aux constitutions rétablies* (1). » La cour de Vienne donna son approbation à tous ces actes, et dut probablement alors renoncer à prendre part au partage, dans l'espoir de se dédommager amplement sur le territoire français, que nos divisions politiques lui montraient comme une proie facile à saisir.

(1) Martens, V, p. 222.

Ce qui resta de la Pologne renfermait au plus trois millions d'habitans. C'était à peu près l'étendue qu'eut depuis le grand duché de Varsovie, et que l'empereur Alexandre a laissée à son nouveau royaume de Pologne ; mais le patriotisme, exalté par tant de malheurs, tenait encore unies entre elles les parties séparées de ce pays. Les Polonais communiquaient entre eux de province à province, s'excitaient à la vengeance, se préparaient à l'insurrection, et ne perdaient pas encore entièrement l'espoir de recouvrer leur indépendance. Une vaste conspiration éclata au commencement de l'année 1794. Kosciusko, qui s'était distingué dans la guerre de 1792, se mit à la tête des insurgés : il proclama la constitution de 1791 dans Cracovie, qu'il avait surprise, et battit un corps de sept mille Russes. En même temps les habitans de Varsovie massacrèrent la garnison russe, et reçurent Kosciusko comme un libérateur. On le mit à la tête du gouvernement avec un conseil. Le roi fut dépouillé de l'autorité qu'il avait toujours tournée contre l'état. L'insurrection gagna Vilna, Grodno et tout les palatinats du royaume.

C'étaient les derniers efforts du patriotisme et de l'amour de la liberté ; mais, quels que soient le dévouement et l'ardeur d'un peuple, il est dif-

ficile d'improviser en peu de mois des armes,
des places fortes, des finances, une administration régulière, surtout quand un grand nombre
de traîtres, de lâches, d'insoucians se jettent
à la traverse et paralysent ses efforts. L'expérience renversera toujours en cela les plus bril-
lantes théories. Malheur aux nations qui négli-
gent d'organiser et d'entretenir des moyens de
défense permanens, et qui se fient à la justice
de leur cause et aux levées en masse sponta-
nées pour résister aux aggressions de leurs voisins !

Tandis que ces braves Polonais se hâtaient de
former leurs bataillons, la Russie, la Prusse et
l'Autriche avaient en un clin d'œil donné des
ordres de marche à leurs soldats. Guillaume II
s'avança à la tête de cinquante mille hommes sur
la rive droite de la Vistule ; dix-sept mille Autrichiens marchèrent le long du Bug ; Repnin et Souvarow arrivèrent par la Lithuanie et la Volhynie,
à la tête des Russes animés, contre Varsovie,
de la soif de la plus ardente vengeance. Les Polonais se défendirent de tous côtés avec le courage du désespoir ; mais ils furent obligés de fléchir devant l'élite des soldats de l'Europe. Tous
leurs généraux furent battus. Kosciusko lui-
même fut vaincu par les Russes à Macziewice ;

et, presque expirant de ses blessures, il s'écria, en remettant son épée aux vainqueurs : «.... *Finis Poloniæ !* » Et la Pologne fut effacée en effet du rang des nations européennes !

· Souvarow et ses féroces soldats surprirent, le 4 novembre 1794, le faubourg de Varsovie appelé Praga, et y passèrent douze mille Polonais au fil de l'épée au milieu d'un effroyable incendie. Le conseil national abandonna la ville ; tous les patriotes furent dispersés ou pris, et la capitale et toutes les provinces se soumirent. Le 3 janvier 1795, Catherine II, Guillaume II et François II, « convaincus, par l'expérience du » passé, de l'impossibilité absolue où se trouvait » la république de Pologne *de se donner* un gou- » vernement ferme et vigoureux, et de vivre pai- » siblement sous ses lois, en se maintenant dans » un état *d'indépendance quelconque,* prirent la » résolution de procéder au partage définitif de » la république. » En conséquence de leur accord, la Russie prit Wilna et douze cent mille âmes ; la Prusse, Varsovie et un million d'âmes ; l'Autriche, Cracovie et un pareil nombre d'habitans. Ces puissances sanctionnèrent ce partage par un traité du 4 octobre suivant, et se promirent d'agir contre quiconque voudrait les inquiéter dans la possession de leurs acquisitions en Pologne (1). Ainsi finit la nation polonaise. Quant au roi, on régla aussi son sort. Catherine lui avait ordonné de se retirer à Grodno. Il y reçut bientôt l'ordre d'abdiquer la couronne de la même main qui la lui avait donnée trente ans avant. On lui assura une pension de 200,000 ducats, et il alla mourir honteusement à Pétersbourg.

La manière de procéder, le langage, les résultats de la politique de convenance nous paraissent suffisamment dévoilés par les faits que nous venons de décrire. Mettre habilement à profit les vices de la constitution et des mœurs des Polonais; signer dans le secret un pacte abominable pour s'opposer par l'intrigue et par les armes à toute amélioration politique; séparer le trône de la nation et diviser les citoyens entre eux; pénétrer dans les conseils du prince et tourner ses résolutions contre le peuple; s'insinuer dans les passions du peuple et les pousser contre le prince; soutenir à main armée, et sous le prétexte du bien public, tantôt l'un, tantôt l'autre parti; s'établir les garans des lois défectueuses par des traités d'alliance; châtier

---

(1) Martens, t. VI, p. 699; t. VII, p. 508.

le roi comme infidèle aux traités quand il tente de réformer ces lois ; punir le peuple comme rebelle envers son roi quand il se soulève pour rétablir l'indépendance de son gouvernement ; bouleverser à ce point tous les principes que le patriotisme devient un crime et la trahison une vertu, que la prudence et le bon ordre consistent à appeler au sein du pays des baïonnettes étrangères, et qu'enfin la justice ne consiste plus qu'à spolier, proscrire, mettre à mort les citoyens les plus généreux et les plus utiles ; s'introduire et s'établir en armes, pour maintenir la paix, dans toutes les parties du territoire ; accélérer ainsi par la force et par la violence la dissolution sociale, que la plus perfide astuce a préparée ; accuser enfin la nation qu'on a égarée, trompée, pillée, ravagée, mise en désordre et en ruine, de ne pouvoir se gouverner elle-même, et s'en distribuer ouvertement le territoire et la population, telle est la marche suivie par la Russie, la Prusse et l'Autriche, par la Russie surtout! pour arriver peu à peu au démembrement de la Pologne ; tels sont les moyens que l'on voit encore pratiquer de nos jours pour désunir et affaiblir un grand nombre d'états.

Nous terminerons par une remarque : c'est

que la Russie, la Prusse et l'Autriche ont accusé depuis la révolution française d'avoir subverti en Europe tous les principes de morale et de justice, et d'avoir renversé tous les droits des couronnes et des nations; c'est contre *le retour des principes subversifs de la révolution française*, qu'elles ont signé dans notre capitale tant de traités et pris tant de précautions. Cette malheureuse révolution française a été chargée par elles de toutes les iniquités et de tous les attentats du siècle! mais on n'en a fait un épouvantail que pour détourner les regards des cabinets et des peuples du véritable danger. C'est bien avant la révolution française que les trois puissances ont mis en pratique cet art dangereux d'intervenir dans les affaires des autres peuples, pour les dissoudre et les subjuguer. La république n'a soulevé les peuples contre les rois que pour défendre son indépendance; Napoléon n'a tiré ses lignes de possession sur l'Italie, l'Allemagne et l'Espagne qu'à l'imitation des lignes tirées à trois reprises différentes sur la Pologne; et c'est à la Russie, à la Prusse et à l'Autriche qu'il faut réellement attribuer l'odieuse invention des principes révolutionnaires et subversifs. Ce fut lorsque la France abdiqua sa prépondérance en Europe que ces principes subversifs y furent introduits; ce n'est que lorsqu'elle reprendra cette prépondérance qu'on pourra les voir combattus et anéantis. Cette vérité ne peut qu'être bientôt reconnue par les ennemis même qu'on nous a faits, et ramener les esprits à des dispositions plus favorables à notre égard.

———

CHAPITRE VI.

——

De la nécessité et des moyens d'affranchir la France
du droit de garantie et d'intervention exercé par la
Russie, l'Autriche et la Prusse, et de toute autre influence étrangère.

Les dangers auxquels l'association de la Russie, de l'Autriche et de la Prusse, et le droit de
garantie et d'intervention exposent l'Europe et
la France, nous paraissent démontrés par les
considérations précédentes ; par le texte même
des traités et la nature des alliances, la situation et la politique des trois puissances, le sort
que cette politique a fait subir à la Pologne, les
événemens que l'histoire nous a transmis et
ceux que le temps présent offre à nos médi-
tations.

La Russie, l'Autriche et la Prusse, dont le
mobile est la guerre, et le but la conquête, ont

pour agir, de nombreuses armées toujours prêtes à entrer en campagne au premier signal.
Leur politique ne peut être que la conséquence
de leur état militaire. Ce qui se passe depuis
dix ans en Europe, atteste qu'elles emploient à
l'égard du continent, les mêmes moyens de dissolution sociale qu'elles ont appliqués à la Pologne. Si elles restent unies et associées dans
cette exploitation de conquêtes, l Europe doit
s'attendre à voir la politique de convenance procéder à de nouveaux partages. Si elles se divi-
sent, si l'Autriche, jalouse de la Russie, tente
de lui opposer la guerre, si la paix est troublée
d'une manière grave et générale, on pourra
craindre alors les résultats, et du choc et de la
rapatriation des trois puissances ; l'établissement de l'empire des *Slaves* sur les débris de
l'empire autrichien ; ou le partage de quelque
peuple désuni et désarmé qui sera sacrifié au
rétablissement de la bonne harmonie des puissances armées.

On se trompe, selon nous, quand on dit : les
circonstances ont changé, et la sainte alliance est
dissoute. Tant que de nouvelles alliances n'auront
pas modifié les traités existans, tant que les armées
russes, autrichiennes et prussiennes seront sur
pied, et ne trouveront nulle part des forces ma-

térielles et morales capables de leur résister et
de les désunir, la sainte alliance n'aura pas cessé
de subsister, et l'avenir de l'Europe sera également
ment menacé, par la paix comme par la guerre.
Avec le système consacré aucun état ne peut
être sûr de son existence; les intérêts seuls de la
Russie, de la Prusse et de l'Autriche sont pris
en considération ; et l'Autriche et la Prusse
même sont exposées à devenir les victimes de
leur puissante et redoutable alliée.

Ces deux monarchies ne semblent en effet
s'agrandir qu'au profit de l'*empire des Slaves*;
on les dirait de simples détentrices des provinces que la politique de convenance leur ad-
juge ; elles s'accroissent, il est vrai, avec la
Russie, au *prorata* du nombre de leurs baïonnettes; mais tandis que celle-ci acquiert des
populations *slaves*, parfaitement homogènes à
son empire, la Prusse et l'Autriche s'épuisent
en efforts inutiles, pour s'agréger des peuples
impatiens de leur joug; de sorte qu'un jour
peut venir où la Russie n'aura qu'à se montrer
favorable aux libertés de ces peuples pour faire
rendre gorge à ses alliés. N'a-t-elle pas repris, de
cette manière, la grande Pologne et la Gallicie
occidentale, que la Prusse et l'Autriche avaient
reçues d'elle en 1772 et en 1795 ?

La suprématie de la Russie est incontestable.
C'est elle qui au congrès de Vienne, ne voulant
rien restituer de ses conquêtes en Pologne, a
jeté la Prusse sur la Saxe et la France, et l'Autriche sur l'Italie ; c'est elle qui, en faisant assi-
gner à chaque état des populations hétérogènes
et des limites imparfaites, a répandu partout le
mécontentement et l'inquiétude ; c'est elle encore qui, en favorisant dans les congrès les faibles contre les forts, les principes du pouvoir
absolu contre les libertés constitutionnelles, a
plus ou moins désuni les peuples et les gouvernemens. Elle seule sait ce qu'elle veut, et où
elle tend, et s'est mise en mesure de profiter
des accidens qui naîtront de l'instabilité générale.

Les querelles des partis et l'aveuglement des
factions détournent les gouvernemens des affaires
extérieures. La Russie suit avec persévérance la
direction d'une politique profondément réfléchie
et invariable. Elle ne perd pas un instant de vue
les progrès de sa domination ; elle change de langage et de forme, jamais de but. Toujours prête
à faire mouvoir ses nombreuses armées, organi-
sées et échelonnées pour l'attaque, elle embrasse
dans sa vaste surveillance tous les mouvemens de
l'Europe ; elle est présente en tous lieux, assiste

aux débats des états, des peuples, des partis et même des salons ; elle a partout ses hommes et ses journaux pour la prôner, et disposer l'opinion en faveur de ses actes. Elle paie pour la servir des diplomates étrangers, et dépense en frais de pensions à l'extérieur dix millions de roubles (1). L'armée française va-t-elle en Espagne, l'aide-de-camp général Boutourlin l'accompagne pour surveiller ses opérations, et parmi les premières récompenses que reçoivent les généraux français sont les cordons des ordres russes. Elle exploite tout à la fois la vanité et l'intérêt pour se créer des amis et des partisans. Elle accorde à des étrangers les titres et les droits de la noblesse de l'empire (2). Sa politique flexible et

(1) Journal des Débats du 17 avril 1826; article *Pologne.....* L'empereur a aussi réduit considérablement les pensions qui étaient payées à l'extérieur, et qui, sous feu l'empereur Alexandre, montaient à dix millions de roubles. Plusieurs diplomates étrangers perdent des pensions.....

(1) Journal des Débats du 5 mai 1825. — « Pétersbourg, »le 13 avril. Les fils de M. le comte de Saint-Priest, pair »de France, MM. Alexis et Emmanuel et sa fille Olga, »ont été *incorporés à la noblesse russe*, en considération »des services rendus à l'empire par leur père, et parti- »culièrement par leur oncle. L'aîné, M. le comte Alexis »(par conséquent l'héritier de la pairie de France), est

insinuante se modifie à propos selon les temps et les lieux ; de 1813 à 1815 , elle protège les libertés des peuples, et les Russes ont passé à cette époque pour les meilleurs *patriotes* de tous les pays ; elle se fait bientôt, en 1818, le plus ferme appui de l'autorité absolue des princes : elle accorde en même temps sa protection aux moines d'Espagne et aux indépendans de la Grèce ; on pourra la voir incessamment, si une guerre générale éclate, soutenir tout à la fois les apostoliques de la péninsule et de France contre les libertés du Portugal, et soulever la Gallicie, la Hongrie et l'Italie contre le gouvernement absolu de l'Autriche (1) ; et, ce qui prouve la puissance de ses

---

» *autorisé à rester en France et à y prendre du service.* » Le 19 mai 1825 , l'empereur d'Autriche a accordé le titre de baron héréditaire de ses états à M. Amarithon de Montfleury, membre de la chambre des députés. (Journal des Débats du 28 juin 1825.)—Nous avons aussi des pairs de France, grands d'Espagne. Le gouvernement ou les chambres ne devraient-ils pas examiner si ces titres, d'ailleurs fort honorables sans doute pour ceux qui les possèdent, ne leur imposent pas des obligations et des devoirs incompatibles avec les obligations et les devoirs de pair, de député et même de simple citoyen du royaume de France ?

(1) Le Times assure, d'après sa correspondance particulière, que les sentimens de l'empereur Nicolas vien-

artifices et l'habileté de ses agens, c'est que, quelqueparti qu'elle prenne, elle trouve toujours moyen de disposer l'opinion publique à applaudir aveuglément à tous ses progrès; à approuver le prochain démembrement de l'empire turc, comme elle a approuvé autrefois le démembrement de la Pologne.

On a pris depuis dix ans les précautions les plus actives contre l'ambition de la France et le penchant des peuples pour la liberté constitutionnelle; on n'a rien fait pour se prémunir contre la sainte alliance, la politique de convenance et la suprématie de la Russie. L'autorité de la Russie se fait sentir de Stockholm à Madrid et à Constantinople; et il faut franchir les rivages du continent, et se transporter dans la Grande-Bretagne, pour trouver un état où son influence n'ait pas pénétré, et un véritable foyer d'opposition et de résistance à ses principes et à ses projets.

L'Angleterre, par son isolement, les maximes de son gouvernement, l'esprit de ses peuples, la constance et l'habileté de sa politique, est la véritable rivale de la Russie. Elle se présente

nent de prendre une tendance favorable aux institutions libérales. (Etoile du 2 janvier).

avec sa puissance maritime, ses immenses richesses, l'acclamation des peuples mécontens
et opprimés, l'ascendant de la liberté et de
la civilisation ; la Russie avec sa puissance
militaire, l'autorité des congrès, l'appui des
gouvernemens despotiques et des factions aristocratiques et religieuses. La paix et la guerre
dépendent maintenant du choc de ces deux
grandes dominations : elles sont aux prises, sous
le voile obscur de la diplomatie, en Suède, en
Perse, en Turquie et en Portugal. Les événemens qui viennent de se passer en Orient, ceux
qui attirent tous les regards vers la péninsule ne
sont que des accidens de la lutte engagée.

La Russie, depuis qu'elle n'est plus contenue
par l'esprit pacifique de l'empereur Alexandre, a
dévoilé franchement ses projets sur la Turquie
et sur la Grèce. « Elle consent, a-t-elle dit, à
» abandonner la direction exclusive de la cause
» des Grecs avec toute perspective de protecto-
» rat, si l'Angleterre et les autres puissances
» éprouvent quelque inquiétude relativement à
» l'usage que les Russes pourraient faire de leur
» influence : mais l'empereur Nicolas ne peut
» souffrir que ses démêlés avec la Porte et ce
» qui a rapport à la foi des traités et à l'honneur
» de sa couronne, soient considérés comme des

» *questions européennes*, et il déclare que le
» gouvernement, la nation et l'armée russes ne
» se laisseront plus abuser par la Turquie, ni
» empêcher par les puissances étrangères de
» chercher la réparation des outrages par les
» seuls moyens capables de l'obtenir; il assure
» du reste que les efforts des Russes se borne-
» raient à exiger l'exécution des traités, *à venger*
» *les droits et les intérêts que les Turcs ont lésés*
» *et violés*, et qu'ils se reconnaîtront respon-
» sables envers l'Angleterre et l'Europe, si la
» guerre les mène au-delà (1). » Ainsi la Russie
entend se mêler de nos affaires, et nous empêcher de nous mêler des siennes : rien ne se passe
sans son assentiment en Espagne, en France,
en Allemagne, en Italie ; la *communauté euro-*
péenne, fondée par la sainte alliance, est sous
sa direction suprême; mais elle trouve mauvais
que l'on comprenne les affaires qui la touchent
personnellement dans cette communauté : le
droit d'intervention lui convient chez les autres,
jamais chez elle.

Ses actes ont été aussi hautains et aussi déci-

(1) Réponse faite à lord Wellington dans la mission
qu'il a remplie à Pétersbourg au commencement de 1826.
(Courrier français du 13 mai; Journal des Débats du
14 mai.)

dés que son langage ; elle n'a laissé à la Porte
ottomane et aux puissances médiatrices (l'Autriche et l'Angleterre) que cette impérieuse al-
ternative, l'acquiescement prompt et complet à
ses ultimatums, ou la guerre ; elle a exigé d'a-
bord l'évacuation de la Moldavie et de la Valachie, et le rétablissement de l'ordre politique
dans ces deux provinces, tel qu'il existait avant
l'insurrection de 1821, sans vouloir écouter les
justes plaintes des Turcs contre les empiétemens
des Russes dans les provinces d'Asie (1); elle a forcé
ensuite les plénipotentiaires d'Akerman, d'accepter sans discussion deux conventions addi-
tionnelles, par lesquelles elle dépouille presque
en totalité le sultan de ses droits de souveraineté sur les deux principautés ; met l'élection
des hospodars entre les mains des boïards ; réduit le pourvoi de la Porte à une investiture
forcée des princes élus ; se réserve d'intervenir
en concurrence avec elle dans toutes les décisions de haute politique, telles que l'élection,
l'abdication, la réélection des hospodars, l'établissement des impôts et l'organisation des mi-
lices ; l'oblige à concéder aux Serviens, sous son

(1) Ultimatum du 5 avril. (Journal des Débats du 23
juin.) — Réponse de la Turquie du 5 mai. (Courrier
français du 25 mai 1826.)

approbation, des priviléges qui les mènent à
l'indépendance ; et consolide d'un seul coup,
par cette espèce de charte constitutionnelle, son
protectorat et son autorité dans des pays qui
touchent presque à l'Adriatique, et la mettent en
communication directe avec les Slaves du Mon-
tenegro, des bouches de Cattaro, de la Dalmatie et de l'Albanie (1). Ses intrigues diplomatiques et la menace seule du passage du Pruth,
lui ont fait opérer cette immense conquête ; et,
grâce au besoin que l'Angleterre et l'Autriche
ont de la paix, à l'insouciance et à la désunion
de l'Europe, et à la faiblesse de l'empire turc,
elle s'est emparée d'une position avancée, d'où
elle s'apprête à porter plus loin ses entreprises.
D'officieux correspondans répandent en attendant que l'issue de ces négociations est un bienfait pour l'humanité. « Le premier pas, disent-ils,
» est fait, pour la civilisation européenne des trois
» provinces, sur la route monarchique. Il se
» peut bien que la Porte ait la velléité de ne
» pas exécuter la convention d'Akerman ; mais
» la moindre conduite équivoque hâterait sa
» ruine (2). » En effet, l'arrière-pensée est

(1) Conventions d'Akerman. (Courrier du 7, du 4 et du
18 novembre, et Journal des Débats du 14 décembre 1826.)
(2) Journ. des Débats du 17 novemb. 1826; article *Odessa.*

facile à deviner; les conventions et les traités n'ont jamais été pour la Russie que des répertoires de prétexte et de moyens de s'agrandir. Toutes les concessions, que lui ont faites l'Angleterre et l'Autriche pour la retenir, ne feront qu'accélérer sa marche; il lui reste encore *à venger bien des droits et des intérêts que les Turcs ont lésés et violés !* et l'on doit s'attendre prochainement à voir sortir, des arrangemens onéreux qui accordent quelque répit aux Turcs, de nouvelles prétentions et de nouvelles querelles.

N'est-ce pas encore l'influence de la Russie qui a préparé de longue main les troubles de la péninsule et qui a suscité à l'Angleterre une guerre imprévue sur ce point? Elle a obligé les troupes françaises d'aller renverser les Cortès; elle a empêché le Dauphin et le ministère de fonder dans ce pays un ordre de gouvernement juste et raisonnable; elle a prêté son appui aux partisans du pouvoir absolu, aux moines et aux apostoliques, qui ont établi l'anarchie en Espagne, et qui s'efforcent dans ce moment de renverser la constitution du Portugal; ses prôneurs diront-ils encore que c'est pour le bien de l'humanité et de la civilisation qu'elle a agi de la sorte? Sans elle l'Espagne serait tranquille, le roi Ferdinand n'aurait pas favorisé l'invasion du Portugal, l'Angleterre ne serait pas sur le point de déclarer la guerre à l'Espagne, et la France, qui, par l'occupation des places fortes espagnoles et par la protection qu'elle a accordée au gouvernement de Ferdinand, s'est imprudemment chargée de la responsabilité de sa conduite, ne serait pas exposée à une rupture avec l'Angleterre pour des intérêts étrangers et même contraires à ses intérêts nationaux. Quel que soit maintenant le langage de la Russie, quand même elle se soit empressée de reconnaître la constitution de dom Pèdre, et affecte de rester indifférente en apparence aux troubles de la péninsule, c'est à elle seule que l'Angleterre doit attribuer les embarras où elle se trouve engagée avec le Portugal, l'Espagne et la France ; et la Russie n'a pas sans doute disposé les choses de la sorte sans un but intéressé ! après avoir allumé indirectement la guerre dans l'Occident ; quand l'Angleterre et la France se battront ou que, d'un commun accord, elles en seront venues aux prises avec l'anarchie espagnole, la Russie pourra plus facilement en imposer à l'Autriche, et marcher enfin sans opposition vers Constantinople et la Grèce, unique objet de son ambition et de ses intérêts nationaux actuels.

Ces événemens graves, qui agitent l'Orient

et l'Occident de l'Europe, sont les précurseurs de changemens importans dans la politique des états. L'Autriche, investie de tous côtés, voit avec effroi sa sûreté compromise et sa dépendance augmenter à mesure que la Russie étend ses bras autour d'elle; elle commence à redouter pour elle-même l'application de la politique de convenance et du droit d'intervention, dont elle a fait sur tant d'autres états un fatal usage : sa conduite avec l'infant dom Miguel et le Portugal montre qu'elle n'est plus aussi ennemie des gouvernemens constitutionnels ; son association avec la Prusse et la Russie est violemment ébranlée. L'Angleterre, menacée par la guerre de Perse dans son commerce des Indes (1) ; par les progrès des Russes en Turquie, dans son commerce de la Méditerranée ; par les hostilités des apostoliques espagnols, dans ses relations commerciales et politiques en Portugal, sent enfin la nécessité de prendre des mesures actives et vigoureuses pour s'opposer à une politique qui tend à l'exclure d'un grand nombre de ses marchés, et à recréer contre elle un nouveau blocus continental ; elle défend autant

---

(1) Déclaration de guerre de la Russie du 16(28) septembre 1826. (Courrier français du 16 octobre.)

qu'elle le peut la Turquie d'une agression prochaine ; elle cherche à saisir le protectorat de la
cause des Grecs; elle a reconnu, contre les
maximes de la suprématie européenne, l'indépendance de l'Amérique; elle paraît demander
avec instance l'évacuation du royaume de Naples (1) ; elle soutient de ses flottes et de ses soldats le régime constitutionnel du Portugal. La
bonne harmonie des grandes puissances fondée
à Vienne sur les débris de la France n'est donc
plus qu'une vaine apparence. Les traités de
Chaumont, de Paris, d'Aix-la-Chapelle, la qua-
truple, la quintuple, la sainte alliance, dirigées
uniquement contre la France et les libertés des
peuples, restent sans utilité et sans application
efficace, dans les circonstances nouvelles, entre
l'Angleterre et la Russie, la politique des gouvernemens indépendans et la politique de convenance, le droit des gens et le droit de garantie
et d'intervention : de nouveaux traités, de nouvelles alliances sont réclamés par de nouveaux
besoins.

Mais ce n'est pas avec des moyens ordinaires,

(1) Constitutionnel du 11 novembre.

avec de simples combinaisons diplomatiques ,
avec des alliances de cour , que les cabinets de
Vienne et de Saint-James peuvent parvenir à
substituer à la politique de convenance un nouveau système d'équilibre , et arrêter les progrès
de la domination et des maximes russes.

La politique de convenance a fondé son autorité sur la puissance des baïonnettes et sur l'ascendant des monarchies militaires et absolues.
Il faut s'emparer des élémens opposés , prendre
pour mobile la puissance de l'opinion publique ,
et l'ascendant des monarchies constitutionnelles;
allier la justice et la raison à la force ; replacer
enfin toutes les sociétés européennes sous l'empire du droit des gens.

Si l'on veut que les états se tiennent en équilibre et en paix entre eux , il est nécessaire , au
préalable , de les mettre en équilibre et en paix
au-dedans d'eux-mêmes. La première mesure à
prendre, par les souverains , serait donc de ménager dans chaque état, aux lumières, à la raison,
à la puissance de l'opinion publique , les moyens
réguliers et légaux de se manifester , et de prendre part à l'action des gouvernemens; d'accorder enfin partout, selon les mœurs, les anciens
usages, les droits existans et les besoins locaux,
ces institutions constitutionnelles qui nous pa-

raissent nécessaires pour consolider la bonne
harmonie des princes et des sujets, et qui sont
seules capables de mettre à la disposition dés
gouvernemens toutes les forces et toutes les
lumières des peuples.

Chez les peuples où cette nécessité a été reconnue et à peu près satisfaite, la marche des
gouvernemens est plus sûre, et leurs ressources
mieux assurées ; les intérêts de l'état sont plus
faciles à prévoir, les aggressions étrangères
moins à craindre. Nous pouvons même le reconnaître par les faits : c'est toujours dans le but
de substituer le bien au mal, d'assurer le triomphe de la justice sur la force, que la puissance
de l'opinion publique s'est manifestée, même
quand elle a été obligée d'agir d'une manière
désordonnée et violente.

- Le peuple français n'était-il pas dans la justice et le bon droit, quand il s'est soulevé contre
les coalitions étrangères, et a fait respecter l'indépendance de son territoire ?

Le peuple espagnol n'a-t-il pas mérité les
éloges et l'admiration de l'Europe, en se soule-
vant pour son indépendance contre l'empereur
Napoléon ?

Quel est le mouvement, quelle est la force qui
a délivré la Prusse, l'Allemagne et l'Autriche

d'une longue servitude? n'est-ce pas la force de l'opinion des peuples qui est venue, en 1815, ranimer et délivrer tous les gouvernemens vaincus?

Les cabinets, isolés de l'opinion publique, sont exposés à mille erreurs et à des nécessités qu'il ne dépend souvent plus d'eux de surmonter : ils signent l'abdication de Baïonne; ils sont forcés de fléchir devant Napoléon, et de lui fournir contre eux-mêmes des armées auxiliaires; ils se soumettent au droit de surveillance, de garantie et d'intervention, et préparent sans le vouloir la ruine des rois et des peuples qu'ils dirigent.

Avec l'opinion publique et la représentation de la nation dans l'état, les gouvernemens cessent d'être exposés à ces chances funestes. Ils n'ignorent jamais les besoins intérieurs du pays; ils sont sans cesse éclairés dans leurs rapports avec l'étranger, et peuvent opposer toujours à leurs ennemis, à côté de leurs armées, des peuples contens et dévoués.

- Ce serait donc d'après ce vaste système que la politique de l'Europe devrait se régénérer. Impérieusement commandé par la nature des choses, on peut prévoir qu'il sera, tôt ou tard, réalisé par de nouvelles révolutions, si les gou-

vernemens ne s'y prennent pas à temps pour
l'introduire par des moyens réguliers , légaux et
paisibles ; ce système est enfin devenu indispensable au salut de l'Autriche, de la France et de l'Angleterre : c'est à ces trois puissances à le mettre en
œuvre. L'Autriche est menacée dans son existence
par les progrès de la Russie et le mécontentement
de ses peuples ; la France a besoin de repousser
de son sein l'influence étrangère, qui l'énerve ,
et les factions qui conspirent le renversement de
ses lois ; l'Angleterre est dans ce moment même
obligée de recourir aux armes pour maintenir
le gouvernement légitime et constitutionnel du
Portugal. La nécessité des choses et la marche
des événemens semblent former naturellement
l'alliance de ces trois puissances.

Cette alliance devrait avoir pour but de maintenir la paix de l'Europe , en faisant accorder
par les souverains légitimes des constitutions
adaptées aux mœurs et aux lumières des peuples , et laissant franchement s'exécuter les
constitutions déjà accordées. Elle aurait pour
résultat de détruire la sainte alliance , la politique de convenance , le droit de garantie et
d'intervention , et ce gouvernement étrange et
dangereux de *Communauté Européenne*, qui sus-
pend de leurs fonctions toutes les souverainetés.

L'Espagne pourrait alors, d'un commun accord, être rendue à l'union et à la paix intérieure par un gouvernement légal. Naples et le Piémont reprendraient de la vie avec l'indépendance, et deviendraient, pour le système, d'utiles alliés ; l'Allemagne échapperait à l'influence dangereuse de la Prusse ; le Danemarck, la Suède et les Pays-Bas accéderaient à une alliance rassurante pour toutes les existences et pour tous les droits légitimes. Le cabinet de Berlin lui-même, ébranlé par le mouvement général des esprits, et par l'opinion éclairée des peuples qu'il régit, se verrait forcé d'abandonner l'alliance de la Russie, qui l'exposerait à la chance de perdre des provinces, au lieu de lui donner l'espoir d'en acquérir ; et la Russie, malgré les trames de la politique et l'impatience de ses soldats, serait obligée de respecter pendant long-temps encore la paix de l'Europe unie. C'est alors qu'on pourrait obtenir du divan l'indépendance de la Grèce, sans craindre d'amener les Russes sur les bords de la Méditerranée ; que l'indépendance de l'Amérique serait confirmée par l'Espagne et reconnue par l'Europe entière ; que le commerce et l'industrie trouveraient dans des relations plus étendues et plus libres, des sources plus abondantes et plus générales de prospérité. Partout la force morale de l'opinion publique viendrait s'unir aux forces matérielles des gouvernemens; les agressions, plus difficiles à tenter, seraient toujours considérées comme des guerres de défense nationale; et si, malgré ces mesures préservatrices, la Russie voulait entreprendre une guerre injuste, on lui aurait du moins enlevé les plus puissans auxiliaires qu'elle puisse avoir, la discorde, les dissensions civiles et les révolutions.

Du reste, ce système politique n'est plus le résultat de vaines conjectures; il est devenu soudain une question d'exécution et de circonstance. L'Angleterre, obligée de fléchir en Orient devant les volontés impérieuses de la Russie, a cherché un dédommagement dans la péninsule; le besoin de la paix lui faisant éviter une lutte directe, elle a voulu du moins combattre en sous-œuvre les factions que la Russie protége et fait mouvoir, elle a posé la première base d'un plan de défense et d'attaque; elle a conseillé à don Pedro, *roi légitime* du Portugal, d'accorder à ses sujets européens une charte constitutionnelle; consacrée par la volonté d'un souverain légitime, la charte portugaise ne pouvait être attaquée en principe par les champions suprêmes de la légitimité du continent; mais les factions

9

se sont chargées de renverser un acte que la
plupart des souverains n'ont pu s'empêcher
de reconnaître. Les mécontens portugais ont
trouvé en Espagne un refuge et un appui, des
encouragemens, des armes, de l'argent et des
chefs. Le gouvernement espagnol, ou par lui-
même, ou par ses officiers, ou par le parti monacal et absolutiste qui le domine, a réuni et
organisé en divers corps d'attaque les émigrés
portugais; et, comptant sur l'appui des absolutistes de France et sur les embarras de l'Angleterre, il les a lancés, le fer et la flamme à la
main, dans leur patrie, pour y détruire le pouvoir constitutionnel naissant qui lui fait om-
brage. La régente et le gouvernement légal du
Portugal ont aussitôt, selon la teneur des traités,
appelé le secours de l'Angleterre. Ces traités
obligent l'Angleterre, à défendre par terre et par
mer son allié, comme elle défendrait elle-même
son propre sol; à le défendre surtout contre la
France et contre l'Espagne, toutes les fois que
ces deux puissances, soit séparément, soit con-
jointement, lui feraient la guerre, ou donne-
raient lieu de soupçonner qu'elles veulent lui
faire la guerre (1). Le roi d'Angleterre et le gou-

_____

(1) Traités de 1661, 1703, 1815.

vernement anglais, soutenus de l'assentiment national, viennent donc de décider que le Portugal serait sur-le-champ secouru par les troupes
et par les flottes anglaises, et que l'étendard de
la Grande-Bretagne serait planté en Portugal,
non pour y commander et y gouverner, mais
*pour assurer l'indépendance du pays, et en éloigner
toute domination étrangère* (1).

Or, quelle est cette domination étrangère ?
Le roi d'Espagne et la faction des apostoliques
et des absolutistes. Mais d'où cette faction a-t-
elle tiré son existence et son pouvoir? Des
apostoliques et des absolutistes français, qui
ont provoqué l'invasion de 1823. Et ces apostoliques et absolutistes français, qui les a fait
naître, grandir et investir d'une si grande influence? C'est, sans aucun doute, la sainte
alliance et la Russie. C'est donc contre la
Russie, ou du moins contre son système, que
l'Angleterre vient de tirer l'épée. La guerre
n'est point circonscrite dans les limites du Portugal; elle est tout entière dans la réorganisa-
tion légale et constitutionnelle de l'Espagne, dans
l'anéantissement des factions politiques et reli-

____

(1) Séance du 12 décembre du parlement anglais
Discours de M. Canning.

gieuses qui la désolent et affaiblissent la France;
dans la propagation du régime constitutionnel et
l'abolition générale de l'intervention étrangère;
dans le choc, enfin, des deux systèmes politiques
de l'Angleterre et de la Russie; c'est le commencement d'une réaction. Nous avons vu la Russie
et la sainte alliance poursuivre à outrance et
en tous lieux les sentimens de patriotisme et
d'indépendance. La constitution de Portugal
est le premier acte de résistance et d'attaque
contre les maximes de la politique de convenance et les écarts des factions qui s'appuyent
sur l'étranger.

L'Angleterre, à cet égard, connaît sa position
et ses ressources, et sait parfaitement quels
moyens puissans elle peut faire agir pour triom-
pher de ses ennemis. «Je ne crains pas, a dit
»M. Canning à la face de l'Europe, je ne crains
»pas une guerre entreprise pour une bonne
»cause, par défiance de la force de notre pays
»pour la commencer, ou de ses ressources pour
»la soutenir. Je la redoute, il est vrai, mais pour
» des motifs bien différens : je la redoute, d'après
»la conscience du terrible pouvoir que possède
»la Grande-Bretagne de pousser les hostilités à ·
»dès conséquences auxquelles je frémis de
»penser. Je crains que la prochaine guerre qui

» s'allumera en Europe, si elle s'étend au - delà
» du Portugal et de l'Espagne, ne soit une guerre
» du caractère le plus formidable, une guerre
» non-seulement d'armées contre des armées,
» mais d'opinions contre des opinions. Je sais
» que si notre pays s'engage dans cette guerre,
» (et s'il s'y engage, ce sera avec un désir très-sin-
» cère de calmer plutôt que d'exaspérer, et de
» lutter avec des armes plutôt qu'avec l'artillerie
» plus fatale de l'excitation populaire); je sais,
» dis-je, qu'il verra se ranger sous ses bannières,
» pour prendre part à la lutte, tous les mécon-
» tens et tous les esprits inquiets du siècle, tous
» les hommes qui, justement ou injustement,
» ne sont pas satisfaits de la condition actuelle
» de leur patrie. L'idée d'une pareille situation
» excite toutes mes craintes, car elle montre
» qu'il existe un pouvoir entre les mains de la
» Grande-Bretagne, plus terrible peut-être qu'on
» n'en vit jamais en action dans l'histoire de la
» race humaine. Nous devons exercer cette force,
» mais seulement pour faire sentir aux exagérés
» des deux côtés de se garder de convertir leur
» arbitre en compétiteur (1). »

---

(1) Séance du 12 décembre; discours de M. Canning.
(Courrier du 16.) Depuis qu'il a obtenu ce qu'il voulait

Ce manifeste orgueilleux est lancé. Une crise
générale se prépare; des circonstances passagères,
la crainte générale de la guerre peuvent encore
la calmer momentanément; mais de nouveaux
accidens, inhérens à la nature même des choses,
doivent nécessairement la développer, la précipiter et la faire éclater tôt ou tard. Au milieu de
ces grands intérêts qui se choquent, des intrigues qui se croisent, des passions et des affaires qui se compliquent en tous sens, quelles
seront les destinées de la France? est-elle en
mesure de démêler et de suivre la direction la
plus convenable à ses intérêts, à sa prospérité,
à son indépendance?

Sous l'égide de la sainte alliance est apparue
chez nous une faction formée, d'une part, des
hommes qui, en 1818, suppliaient les alliés,
par des notes secrètes, de ne point quitter notre
territoire, et de l'autre, des jésuites et de tous les
affiliés des congrégations et de l'ultramontanisme,
renfermant ainsi dans son sein tout ce que les passions politiques et religieuses peuvent réunir de
dangereux. Connue d'abord sous le nom de gouvernement occulte, cette faction, prenant pour

___

de la France, M. Canning dans une impression corrigée
de son discours, a cherché à adoucir ce langage.

appui les dominations étrangères et le fanatisme, s'est emparée peu àpeu de la direction
des affaires et de presque tous les postes du
pouvoir. Les juntes apostoliques d'Espagne et les
révoltés du Portugal sont nés d'elle et de ses
œuvres : son but est d'établir l'ignorance à la
place des lumières, le despotisme monacal à la
place de la liberté légale, l'autorité de la tiare à
la place de la souveraineté libre de nos rois :
elle n'attente à rien moins qu'à nos constitutions nationales et aux prérogatives de la couronne. Ses moyens sont d'envahir l'éducation
de la jeunesse; d'empiéter sur l'indépendance
de la magistrature et la juridiction des tribu-
naux; de changer l'esprit et la sagesse de nos
lois; d'entretenir sans cesse le gouvernement
et le public dans l'effroi de la démocratie, pour
opérer une révolution aristocratique et religieuse; d'anéantir peu à peu la Charte constitutionnelle, par des lois d'exception et de privilége; de s'interposer entre le souverain et le
peuple, pour troubler leur confiance réciproque;
et de faire passer son ambition, ses intérêts et
ses vues, pour les seuls vrais besoins de l'état.
Peu lui importe que l'agriculture, le commerce
et l'industrie tombent en souffrance, et que la
France soit soumise à l'intervention des étran-

gers, pourvu que ses projets s'exécutent, et qu'elle s'empare de plus en plus du pouvoir. Sa volonté doit être, bon gré mal gré, la politique du royaume; le roi, d'après elle, ne devrait plus avoir d'autre cause que la sienne, et les insultes qu'elle reçoit de l'étranger devraient sur-le-champ soulever l'indignation de la nation (1). Attaquée en Espagne et en Portugal dans ses plus chers alliés, son désir secret serait de pousser la France à la guerre contre l'Angleterre. Elle voudrait engager le courage de nos soldats et notre honneur national à consolider sa position; elle tremble que, les apostoliques portugais et espagnols une fois abattus, elle ne soit, à son tour, obligée de baisser la tête; une guerre subite lui paraît une chance moins périlleuse que l'at-

(1) Voir les journaux de cette faction, les discours de quelques députés et l'observation de M. Hyde de Neuville, au premier bureau de la chambre, au sujet de la discussion de l'adresse. Les Français partagent ses sentimens pour la dynastie, la charte et les libertés nationales. Ils ont comme lui *de la fierté dans le cœur* et *du sang français dans les veines;* mais nous ne pensons pas qu'ils aient la moindre envie d'éprouver de l'indignation et de soutenir une guerre quelconque au profit d'une faction qui foule chaque jour aux pieds nos lois, et expose le trône à des dangers imminens.

tente; elle murmure contre le ministère, qui,
pour conserver momentanément la paix, s'unit
avec l'Angleterre; et elle obtient du moins que
si on ne porte pas secours aux absolutistes portugais on ne trouble pas les absolutistes d'Espagne, et que tout en exigeant du roi d'Espagne des réparations vagues et générales on
ne lui impose pas du moins la nécessité d'accorder à son royaume un mode de gouvernement légal (1). C'est le gouvernement légal que

(1) Le discours de M. de Damas à la Chambre des pairs,
le 20 décembre, montre les efforts que fait le ministère
pour empêcher les Espagnols de se mêler des affaires du
Portugal, et les Portugais de se mêler des affaires de l'Espagne. « C'est en suivant ainsi les règles de la justice, en
»re-pectant la foi des traités et les droits des autres puis-
»sances, dit-il, que la France conservera tout ses avan-
»tages pour soutenir ses propres droits *et ceux même de
»l'Espagne s'ils venaient à être injustement attaqués.* C'est
»en défendant *les principes d'ordre et de légitimité* que l'An-
»gleterre est sortie victorieuse de la longue et sanglante
»lutte qu'elle a soutenue contre la révolution française.
»Les mêmes succès nous seraient assurés si nous étions
»appelés à défendre à notre tour les mêmes principes; »
c'est-à-dire que, si le roi d'Espagne s'obstine à refuser à
l'Angleterre l'établissement d'un gouvernement légal, nous
serons obligés de prendre fait et cause pour le pouvoir absolu contre l'Angleterre. (*Voyez* l'Étoile du 1er janvier
1827.)

cette faction veut renverser en France ; elle est conséquente avec ses projets. Grâce à l'indépendance de la justice et à la liberté de la presse, elle est encore arrêtée chez nous dans son aveugle et périlleuse entreprise. C'est donc contre les droits de la magistrature et de la liberté des jugemens et de la pensée, qu'elle se déchaîne et suggère d'odieuses lois; il y va de son salut de mettre la France et le roi dans l'impossibilité de connaître la vérité, et il ne lui faut rien moins qu'enchaîner la presse et livrer le jury de jugement à des commissaires, pour nous précipiter dans une guerre si contraire aux vrais intérêts de la nation et du trône.

Ainsi, grâce à l'influence de cette faction, la France, tout en agissant diplomatiquement dans le sens de l'Angleterre, reste exposée à voir à l'improviste éclater avec cette puissance une guerre contraire à ses intérêts nationaux et à sa constitution politique ; et, en attendant, après avoir été l'auxiliaire de la sainte alliance et de la Russie, elle est devenue l'auxiliaire du cabinet de Saint-James, dans des principes et pour un but tout opposés. Le ministère, mal vu de la faction qu'il combat, isolé de la nation qu'il sacrifie à cette faction, déconsidéré au-de-

hors et au-dedans par sa propre impuissance,
vit au jour le jour sans plan suivi et fixe, sans
direction déterminée. Les ambassadeurs qu'il
envoie pour conseiller la modération et la paix,
provoquent l'insurrection et la guerre (1); le
budget d'un milliard qu'il nous impose annuel-
lement, s'évanouit dans ses mains sans donner
la moindre vigueur à l'état; il laisse s'écouler
de longues et précieuses années de paix sans
rien préparer pour la défense du pays; les alliances qu'il contracte aujourd'hui, il ne sait
pas s'il pourra les tenir demain : c'est au plus
pressé qu'il court, à la force présente qu'il
cède. Tantôt, pour complaire à la Russie,
il envoie les Français se battre en Espagne ;
tantôt, pour satisfaire nos apostoliques, il fait
le sacrifice de quelques nouveaux lambeaux de
nos libertés, et de quelque nouvelle portion de
nos trésors; tantôt, pour apaiser l'Angleterre,
il s'unit à ses efforts pour rétablir l'ordre et la
paix dans la péninsule.

Tandis qu'à Paris il cède à la volonté et aux
menaces de M. Canning, à Madrid c'est le

---

(1) Lettre et rapport du comte de La Villaréal, ambassadeur du Portugal à Madrid. (Courrier et Etoile du 25 décembre.)

ministre de Russie qui en l'absence de notre ambassadeur est chargé de traiter de nos affaires (1). On dirait que M. de Moustier reste sans successeur, pour laisser à MM. d'Oubril et Lamb la faculté de s'entendre sans nous. Au moment même où vingt-cinq à trente mille . Français occupent les principales forteresses, dans une occasion où le sort de l'Espagne ne devait dépendre que de nous seuls, c'est la Russie et l'Angleterre qui en décident. Nos forces et notre influence, dépourvues d'action et de volonté, sont laissées à la merci de l'une ou de l'autre de ces puissances; le hasard ou l'intrigue prononceront; le ministère, selon l'influence du moment, prendra les armes pour Ferdinand et pour les absolutistes, ou soutiendra les constitutions légales, laissant en attendant la France exposée à tous les périls de cette nullité politique. Il a pris le parti de l'Angleterre; mais que fera-t-il si la Russie manifeste la volonté prononcée de soutenir en Espagne son ouvrage et ses protégés? Pressé tout à la fois par les Anglais et par nos congrégations, que résoudra-t-il quand il faudra, dans peu, qu'il se décide à arracher à Ferdinand des garanties constitution-

---

(1) Discours de M. le général Sébastiani au comité secret de l'adresse.

nelles ou à défendre à main armée son absolu-
tisme? Déclarera-t-il la guerre aux congrégations
ou aux chartes constitutionnelles, y compris
celle de France?

La chose est évidente. Les passions de la
faction dominante et l'absence de système politique du ministère tiennent la France sous l'influence des dominations étrangères et la laissent
flotter entre l'Angleterre et la Russie, sans
moyens assurés de conservation et de défense,
sans autre direction que celle qui peut être
utile au pouvoir de la faction dominante, sans
autre but que celui du maintien en place de
certains ministres. Il serait temps cependant que
le trône et le pays fussent mis à l'abri de l'é-
goïsme, des imprévoyances et des erreurs de
quelques hommes!

Une vérité doit frapper tous les esprits impar-
tiaux et éclairés : c'est que la France ne peut
être libre, tranquille et puissante, tant qu'elle
sera soumise à une faction et à un ministère
qui ne subsistent que par la dépendance, la désunion et la faiblesse du royaume. M. Canning
nous a menacés de la *formidable artillerie de
l'excitation populaire!* Il est un moyen plus facile et moins coûteux que la guerre, pour abaisser son langage hautain, et pour lui arracher ce

pouvoir terrible et inoui qu'il attribue à la Grande-
Bretagne ; c'est de renverser en France la faction
qui fait naître le mécontentement populaire, et
expose le roi et la nation à entendre de pareils
discours. Que cette faction disparaisse, et la
France et le roi cesseront d'être offensés impunément par nos orgueilleux voisins ; qu'elle cesse
de s'interposer entre le roi et le peuple, et le
roi trouvera soudain dans son peuple, le dévouement, la force et l'union qui rendront
les menaces de l'étranger ridicules et vaines.
Puisse le monarque s'apercevoir à temps du
péril où cette faction met son repos et sa gloire,
se souvenir du contentement que l'abolition de
la censure avait répandu sur les premiers jours
de son règne, se confier dans le patriotisme, la
fidélité et la sagesse de la nation, et recourir
promptement à sa prérogative royale pour appeler au pouvoir des hommes investis tout à la-
fois de sa confiance et de la faveur de l'opinion
publique !

Une seconde vérité non moins importante
doit être également proclamée. La France, il
ne faut pas nous le dissimuler, est exposée à
une ruine inévitable si elle continue à faire
dépendre son existence et sa politique de la
volonté des puissances étrangères, et à flot-

ter, sans direction et sans force, entre le système russe et le système anglais. L'expérience des dix dernières années écoulées devrait avoir appris aux hommes sages de tous les partis, que pour opérer notre émancipation et reprendre notre prépondérance en Europe nous ne devons compter que sur nous-mêmes. L'aveuglement des factions a pu seul se faire illusion sur le désintéressement et la générosité des étrangers qui sont intervenus à diverses fois dans nos affaires. Tous les partis doivent redouter une troisième occupation de notre territoire par les armées alliées. L'exemple de la Pologne devrait toujours se reproduire à notre mémoire; et la première maxime d'un ministère, chargé de rétablir l'union intérieure et la puissance extérieure de notre pays, doit être d'affranchir le gouvernement et la nation de toute domination étrangère et de l'influence des traités de garantie et d'intervention. C'est dans cet esprit qu'il faudrait sortir des alliances générales qui nous oppriment pour contracter des alliances particulières qui peuvent seules nous secourir; c'est avec cette restriction qu'il aurait fallu s'unir avec l'Angleterre, pour défendre la charte de Portugal et favoriser l'établissement d'une charte en Espagne.

L'Angleterre vient de proclamer de fort beaux
principes de libéralisme ; mais elle ne se montre
dégagée ni de ses anciens préjugés nationaux
ni de son égoïsme politique. Elle n'a pas cessé
d'être jalouse de la France et de nous envier
nos lumières , notre industrie et tous les avantages de notre sol. Elle n'a pas encore oublié que durant des siècles la France a été sa
constante rivale de puissance et de gloire. C'est
elle qui , lors de nos derniers revers , a favorisé
contre nous toutes les ambitions de l'Europe ,
nous a arraché la Belgique , le cours du Rhin
et la Savoie, et nous a imposé le voisinage menaçant des Prussiens et de la confédération germanique. Un de ses généraux visite encore chaque année les forteresses des Pays-Bas, construi-
tes avec l'argent de nos contributions de guerre ;
et les ministres , pour complaire aux passions de
la multitude , sont obligés , au moment même
où ils nous demandent notre assistance, de tenir
envers nous un langage d'inimitié. Quand nous
envahîmes l'Espagne en 1822, lord Liverpool fit
remarquer aux membres du parlement qui
redoutaient l'extension de notre influence, que
cette expédition n'aurait pour résultat que de
troubler l'ordre de nos finances et de nous affaiblir. « Nous avons rendu l'occupation de l'Espa-

» gne préjudiciable à la France, a dit tout récem-
» ment M. Canning; nous lui avons laissé son
» fardeau ingrat, et nous nous sommes ménagé
» un avantage immense en reconnaissant l'in-
» dépendance de l'Amérique. » La politique
de l'Angleterre n'est donc libérale que pour ses
propres intérêts. Elle peut, il est vrai, regar-
der avec une vive répugnance la Russie s'étendre vers l'Inde et la Méditerranée, et lui susciter des ennemis dangereux dans la péninsule; elle peut avoir besoin de la France pour
s'opposer à des tentatives qui lui nuisent ; mais
il ne faut pas nous attendre à recevoir notre
émancipation des mêmes mains qui nous ont
placés depuis dix ans sous la tutelle des congrès et sous la surveillance de la haute police
de l'Europe. Aujourd'hui encore, au lieu de con-
clure avec nous une alliance nouvelle, et de nous
admettre à combattre à côté d'elle contre la politique de convenance et le droit d'intervention,
ne se sert-elle pas de la quinfuple alliance de 1818
et du congrès d'Aix-la-Chapelle, pour nous obli-
ger à la seconder dans les affaires de la péninsule, sans nous affranchir de la vieille suprématie de la sainte alliance (1)?

_____

(1) Aveux de M. de Damas et de Villèle au comité secret de l'adresse, où ils ont déclaré que c'était en vertu

C'est à nous à savoir faire sortir notre salut du
piége même qui nous est tendu; à nous servir du
besoin que l'Angleterre a de nous, et de la position
de nos troupes en Espagne, pour parvenir non-
seulement à ses fins, mais encore aux nôtres; à
contribuer franchement avec elle au triomphe
des chartes et des gouvernemens constitutionnels dans la péninsule; à la supplanter dans le
protectorat qu'elle affecte sur la civilisation et
la liberté des peuples; et à reconquérir enfin
notre indépendance malgré nos rivaux, nos en-
vieux et nos dominateurs.

..La France possède des ressources immenses
dans sa position géographique, ses richesses,
l'esprit éclairé et l'énergie de ses habitans, et
ses lois constitutionnelles. Il ne s'agit que de savoir les mettre en œuvre, et de voir cette
grande mission confiée à un ministère pré-
voyant, habile, national, capable enfin d'allier
la sûreté du trône et la liberté publique, en s'af-
franchissement de tout esprit de faction. Repousser du sein de l'état tout ce qui donne prise

de la quintuple alliance et du congrès d'Aix-la-Chapelle
qu'on agissait en Espagne et en Portugal. Ainsi le congrès
de Vérone nous a envoyés dans la péninsule, et le congrès
ressuscité d'Aix-la-Chapelle va nous en chasser. (*Voyez*
chap. I, p. 13.)

aux influences étrangères ; réveiller le patriotisme qui s'éteint ; calmer et réunir les partis
en tournant leur attention vers l'ennemi commun qui les menace tous ; confier l'éducation
de la jeunesse à un système et à des hommes
qui lui enseignent à respecter et à aimer nos lois
constitutionnelles ; ranimer la confiance et le dévouement par l'impartiale administration de la
justice ; préparer le crédit, par de grandes écono-
mies, à subvenir facilement aux emprunts nécessaire à la guerre ; augmenter le nombre des
Français liés politiquement aux destinées de l'é-
tat, par une meilleure organisation des communes et des gardes nationales ; constituer nos
moyens réguliers de défense et d'attaque d'une
manière proportionnée aux forces de nos voisins
et aux besoins de notre position territoriale ;
établir à cet effet, sans augmenter les dépenses
du trésor, une armée de réserve exercée qui double l'effectif de l'armée active au premier signal du danger ; telles seraient les principales
mesures à prendre, pour rendre le gouvernement puissant et respecté, et la nation unie et
indépendante.

La France, par ce système d'ordre, de pré-
voyance et de justice, ne manquerait pas de
sortir promptement de la tutelle dangereuse

dans laquelle elle se confie imprudemment, et de prendre au dehors une attitude respectable. Elle pourrait, selon ses convenances, ou s'allier avec la Grande-Bretagne pour combattre les maximes et la suprématie continentale de la sainte alliance et de la Russie ; ou s'unir à la Russie contre l'Angleterre, si cette dominatrice des mers veut abuser de sa suprématie maritime pour nous soumettre à une autre genre de domination et de despotisme ; ou, ce qui nous paraîtrait encore plus sage, garder une neutralité imposante entre les deux suprématies rivales, s'élever au rang d'une domination intermédiaire indispensable à l'équilibre de l'Europe, et attendre avec calme et dignité, en offrant un appui secourable à tous les états opprimés, le moment de se prononcer soit pour faire respecter la paix, soit pour tirer le meilleur parti de la guerre.

Le péril de notre situation présente vient de nous-mêmes ; la faiblesse du ministère et l'audace d'une faction font seules l'ascendant que les étrangers exercent sur nous. Les clauses onéreuses des traités qu'ils nous ont imposés tomberont d'elles-mêmes, le jour ou les forces physiques et morales de la France, auront été retrouvées et mises en usage, non au profit d'une faction, mais pour le bien toujours commun de la nation et du roi. Une brillante renommée est réservée au prince ou à l'homme d'état qui aura la résolution et l'habileté de placer la France sur cette voie de salut, de puissance et de gloire ! mais il faut qu'il se hâte d'agir. Encore quelques jours de temporisation, et la faction triomphante aura rendu le mal irrémédiable, et ouvert devant nous une carrière de troubles et de malheurs dont personne ne peut prévoir le terme ni les résultats.

POST-SCRIPTUM.

Tandis que ces lignes s'impriment, les événemens se développent, et de nouveaux incidens viennent chaque jour confirmer nos opinions, et montrer la nécessité de mettre la France et la monarchie à l'abri des congrégations apostoliques et des dominations étrangères.

Les troupes anglaises débarquent en Portugal; les absolutistes portugais vont être dans peu rejetés dans le sein de l'Espagne; le roi et les absolutistes d'Espagne se trouveront incessamment sur la frontière, face à face des Anglais et des constitutionnels. Le moment décisif approche; la guerre va dépendre du caprice de quelque fanatique qui tirera aux avant-postes un premier coup de fusil.

Cependant le roi d'Espagne et la faction qui le dirige ne sont nullement effrayés de la guerre et de ses conséquences; ils la provoquent au contraire, par leurs mesures et par leurs discours. Au lieu d'accorder les réparations que leur ont demandées les cabinets des Tuileries et de Saint-James, ils ne veulent ni reconnaître la charte portugaise, ni changer les ministres, ni punir les capitaines généraux qui ont organisé l'invasion du Portugal. Ils savent le cas qu'ils doivent faire des remontrances et des menaces de nos ministres. Ils n'ignorent pas que, soutenus au timon des affaires par la seule protection de nos congrégations, notre ministère ne peut que ce qu'elles veulent. Aussi ce ne sont pas ses instructions qu'ils écoutent et qu'ils suivent, mais celles que Montrouge leur envoie directement; ils n'ont pas oublié qu'après avoir ordonné à son ambassadeur de s'opposer sous le roi Jean à l'établissement d'une charte en Portugal, le cabinet français ne doit pas tenir très-sincèrement à la conservation de la charte de dom Pèdre. Ils savent qu'après avoir promis à M. Canning, lors de son voyage à Paris, de rappeler promptement de Madrid M. de Moustier, protecteur des apostoliques, M. de Villèle, dominé sans doute par la congrégation, n'a rappelé cet ambassadeur qu'après l'invasion du Portugal, et lorsque les instances de l'Angleterre l'y ont absolument obligé. Ils prétendent même que la France s'est engagée par des transactions diplomatiques secrètes à ne jamais reconnaître la charte du Portugal. Ils se préparent en conséquence à la guerre avec la confiance d'être soutenus. Ils rassemblent leurs troupes sur la frontière; ils vont même jusqu'à nous sommer, dit-on, ou d'évacuer les places fortes ou de prendre part aux hostilités avec eux.

La congrégation en France n'a pas moins d'ardeur et d'activité qu'en Espagne. Sur huit ministres, cinq voix ont été un instant sur le point de satisfaire son cruel caprice; et, sans l'influence de M. le dauphin qui les a ramenées, dit-on, à l'avis de la minorité, la paix serait déjà rompue. Mais la congrégation ne se laisse pas long-temps arrêter, même par les volontés les plus hautes et les plus respectables. Il lui faut la guerre contre le régime représentatif au dehors pour abolir nos lois au dedans, et elle finira par l'avoir. Elle n'attend pour la faire éclater que l'adoption de la loi sur la presse : dans une si grande entreprise, il lui devient indispensable que le peuple et le roi ne puissent jamais connaître la vérité ; car ce n'est pour le bien ni de l'un ni de l'autre qu'elle veut leur faire tirer l'épée.

Nous nous approchons donc chaque jour de plus en plus d'un événement grave, d'une guerre de fanatisme politique et religieux, contraire à tous nos intérêts nationaux, fatale à notre commerce et à notre crédit, diamétralement opposée à notre constitution politique, où nous jouerons l'existence de la France pour le ridicule intérêt d'une faction, où la France aura à supporter toutes les pertes, toutes les calamités sans recueillir de profit ni de gloire, où le point d'honneur français sera dans une continuelle contradiction avec les sentimens de patriotisme et les vrais intérêts du pays.

Mais ces absolutistes et ces jésuites audacieux, qui privent les ministres du pouvoir d'agir, et qui agissent dans l'ombre sans qu'aucune responsabilité pèse sur eux; ces congrégations, qui veulent que nous sacrifions pour elles, et nôs vies, et nos droits, et nos biens, ont-elles bien réfléchi au danger auquel elles exposent la France, et ne se font-elles pas illusion sur l'étendue de leur puissance? Admettons leur triomphe; il n'est que trop probable! les voilà satisfaites : la guerre est commencée; mais avec cette nature de guerre commencent aussi les dissensions civiles, les révoltes, les soulèvemens; les opinions jusqu'alors contenues, les haines apaisées éclatent de toutes parts à la sollicitation des parties belligérantes; M. Canning nous a prévenus. Que feront les puissances continentales qui ont signé l'alliance d'Aix-la-Chapelle, et qui se disent encore unies pour le maintien de la paix de l'Europe ? A l'aspect de cette espèce d'anarchie monacale qui aura troublé la paix, la Russie, la Prusse et l'Autriche n'auront-elles pas un excellent prétexte pour venir en armes occuper notre territoire contre les absolutistes, comme elles l'ont occupé en 1815 contre les bonapartistes et les jacobins, pour nous faire payer des contributions nouvelles, et rejeter sur nous le fardeau de l'entretien de leurs armées ?

Un nouveau système politique peut seul, comme nous l'avons dit, conjurer cet orage. Que le roi fasse usage de sa prérogative pour la sûreté de l'état; qu'il prononce la dissolution de la Chambre des députés; qu'il change de ministère, et tous ces sombres nuages seront dissipés en un clin d'œil. C'est l'unique moyen d'affranchir notre pays de la tyrannie des jésuites, de secouer le joug des dominations étrangères, et de prolonger la paix du continent.

9 janvier 1827.

FIN.

www.ingramcontent.com/pod-product-compliance
Lightning Source LLC
Chambersburg PA
CBHW070755290326
41931CB00011BA/2020